PHILOSOPHIE CHIMIQUE,

OU

VÉRITÉS FONDAMENTALES

DE LA

CHIMIE MODERNE,

Disposées dans un nouvel ordre ;

PAR A. F. FOURCROY, Médecin & Professeur de Chimie.

PARIS.

1792.

L'An IV de la Liberté Françoise.

AVERTISSEMENT.

A Mesure qu'une science fait des progrès, à mesure qu'elle acquiert des méthodes pour perfectionner sa marche, les vérités générales s'y multiplient: telle est aujourd'hui la chimie. Les principes de cette science ne sont créés que depuis quelques années, & déjà elle est riche en corollaires ou en résultats généraux, qui en renferment tout l'ensemble. Une suite de ces résultats peut être d'une grande utilité. Depuis 12 ans j'ai constamment cherché cette série; j'en ai déjà tracé l'esquisse un grand nombre de fois dans mes cours, & sur-tout dans ceux que je fais tous les ans à la suite du cours général & détaillé de chimie. En offrant les phénomènes que présentent les fluides élastiques connus, soit dans leur formation, soit dans leur fixation, & dans leur influence sur toutes les opérations de la nature & de l'art, je passe en revue toutes les vérités fondamentales de la science, & il résulte de leur exposé un tableau qui rappelle à la mémoire tous changemens dont les corps naturels sont susceptibles dans leurs attractions réciproques. Mais pour réunir ici ces vérités capitales, il est évident qu'il faut choisir avec un grand discernement celles qui sont les plus générales, qui embrassent tous les faits de la science, qui les renferment, & d'où ils peuvent être tirés comme des corollaires, comme des conséquenees immédiates. Il faut aussi qu'elles soient clairement énoncées, sans aucune ambiguité, sans aucun doute, sans aucune équivoque; il faut encore qu'on n'en multiplie pas trop le nombre, quoiqu'il soit nécessaire de les multiplier assez pour ne rien oublier d'essentiel ; il faut enfin les dispo-ser entre elles dans un tel ordre & dans une série tellement naturelle, qu'elles présentent les élémens de la science, & qu'elles en fassent concevoir le rapport & la liaison. Voilà les idées que je me suis formées & qui m'ont guidé dans la recherche de ces vérités, j'ai pensé qu'elles devoient servir à l'établissement d'une doctrine complette de chimie, qui, féconde en applications, en principes, puisse également rappeller à l'homme instruit tous les faits qui composent l'immense domaine de la science chimique, & donner à celui qui cherche l'instruction, une notion suffisante de la carrière qu'il doit parcourir.

Pour remplir convenablement cet objet, il m'a paru que je ne devois pas présenter une suite de propositions non interrompues sans liaison & sans adhérence entre elles ; je les ai liées par des rapports généraux, en leur donnant un arrangement qui pût en faire connoître & apprécier la connexion, &, si je puis le dire, la réaction réciproque. C'est là ce que j'appelle PHILOSOPHIE CHIMIQUE. *Tous les énoncés qui en font l'ensemble ont été imprimés dans le dictionnaire de chimie encyclopédique à l'article* AXIOMES *; j'ai cru faire une chose utile aux amateurs de cette science, en les présentant séparés de cet ouvrage, & sous un format commode.*

PHILOSOPHIE CHIMIQUE.

Tous les faits, toutes les expériences de la chimie peuvent être rapportés à douze phénomènes généraux dont voici l'énumération.

I. L'action de la lumière.

II. Celle du calorique.

III. L'action de l'air dans la combustion.

IV. La nature et l'action de l'eau.

V. Celles des terres, et la formation des alcalis ; leur role dans les combinaisons.

VI. La nature et les propriétés des corps combustibles.

VII. La formation et la décomposition des acides.

VIII. L'union des acides avec les terres et les alcalis.

IX. L'OXIDATION ET LA DISSOLUTION DES MÉTAUX.

X. LA NATURE ET LA FORMATION DES MATIÈRES VÉGÉTALES.

XI. LE PASSAGE DES VÉGÉTAUX A L'ÉTAT DE MATIÈRES ANIMALES, ET LA NATURE DE CELLES-CI.

XII. ENFIN LA DÉCOMPOSITION SPONTANÉE DES SUBSTANCES VÉGÉTALES ET ANIMALES.

Ces douze titres doivent être considérés comme autant de chapitres à chacun desquels appartiennent les différens articles de détails, suivant leur rapport direct avec le titre, & dont l'ensemble renferme toute la doctrine de la chimie.

TITRE PRMIER.

Action de la lumière.

I. La lumière, soit qu'elle vienne du soleil & des étoiles fixes, soit qu'elle soit répandue dans l'espace, se comporte de quatre manières par rapport aux corps qu'elle touche ; ou bien elle est réfléchie toute entière de leur surface vers nos yeux, & elle fait naître la sensation du blanc ; ou bien elle est décomposée & réfléchie seulement dans quelques-unes de ses parties, de-là la coloration diverse ; ou elle est plus ou moins complétement absorbée & donne naissance au noir ; ou enfin elle paſſe à travers les corps en éprouvant une déviation plus ou moins forte, en ſe rapprochant de la perpendiculaire; c'eſt ce qui conſtitue la tranſparence.

II. En paſſant à travers les corps tranſparens, elle éprouve une réfraction qui eſt en raiſon directe de la denſité de ces corps s'ils ſont incombuſtibles, & qui eſt d'autant plus forte qu'ils ſont plus combuſtibles. Newton a deviné ainſi la combuſtibilité du diamant & l'exiſtence d'un principe combuſtible dans l'eau.

III. En ſe refrangeant, la lumière ſe décompoſe en ſept rayons, le rouge, l'orangé, le jaune, le vert, le bleu, l'indigo & le violet. Trois de ces couleurs paroiſſent ſimples, le rouge, le jaune, & le bleu, quatre paroiſſent formées des deux voiſines, l'orangé du rouge & du jaune, le vert du jaune & du bleu, l'indigo du bleu & du violet, le violet du rouge & de l'indigo. Cette décompoſition par le priſme eſt une eſpèce d'analyſe de la lumière.

IV. La lumière agit encore chimiquement ſur les corps, c'eſt-à-dire, qu'elle opère des combinaiſons & des décompoſitions; on en juge par la différence qu'offrent les mêmes corps plongés dans la lumière ou privés de cet élément. Les premiers deviennent en général colorés, volatils, inflammables; les ſeconds ont les propriétés contraires.

V. Ainſi par le contact de la lumière quelques acides ſont décompoſés, pluſieurs ſels changent de nature ; les oxides métalliques se rapprochent en général de l'état métallique ; les végétaux se colorent & deviennent sapides, inflammables ; privés de la lumière ils restent blancs & fades ; ils sont *étiolés*.

VI. Ces effets généraux sont presque toujours dus à ce que la lumière enlève aux corps brûlés le principe qu'ils ont absorbé en brûlant, de sorte que d'incombustibles qu'ils étoient devenus, ils repassent à l'état de combustibles. On peut dire qu'en général la lumière *débrûle* les corps brûlés.

Applications de ces propositions.

Les couleurs des corps.
La transparence.
L'opacité.
Le brillant.
La réfraction simple ou double.
L'éclat métallique.
La décomposition des acides, celle des oxides métalliques.
La décombustion.
L'altération des couleurs minérales.
La végétation.
La décomposition de l'eau par les feuilles.
Le renouvellement de l'air vital atmosphérique.
La formation des huiles.
La différence des végétaux des climats chauds d'avec ceux des pays tempérés, &c.

TITRE SECOND.

ACTION DU CALORIQUE.

I. Ce que les hommes nomme *chaleur* eſt une ſenſation produite par un corps que les chimiſtes modernes nomment *calorique* ; quand le calorique eſt appliqué à notre corps plus abondamment qu'il n'en contient, notre ſyſtême s'échauffe & il exiſte pour nous de la chaleur ; quand au contraire des matières moins élevées en température que notre corps lui ſont appliquées, nous ſentons du froid, parce que nous perdons du calorique.

II. Le calorique pénètre tous les corps ; il en écarte les molécules en ſe logeant entre elles ; il diminue leur attraction ; il dilate les corps ; il fond les ſolides, & raréfie aſſez les fluides pour les rendre inviſibles, pour leur donner la forme d'air, pour les convertir en fluides élaſtiques, compreſſibles, aeriformes. D'après cela les liquides ſont des combinaiſons de ſolides avec le calorique, & les gaz ſont des diſſolutions de différens corps dans le calorique, qui, par lui-même eſt la plus diviſée, la plus rare, la plus légère, la plus élaſtique des ſubſtances naturelles ; auſſi ne peut-on pas apprécier ſa peſanteur.

III. En écartant les molécules des corps les unes des autres, en diminuant leur attraction pour elles-mêmes, le calorique augmente en même proportion leur attraction pour celles des corps voisins. C'est pour cela qu'on l'employe avec succès pour produire des combinaisons, pour faciliter les unions réciproques ; de-là l'axiome *corpora non agunt nisi soluta*, les corps n'agissent que dissous.

IV. Chaque corps ayant une forme différente dans ses molécules & un écartement différent entre elles, admet une quantité différente de calorique, pour arriver à la même température ; c'est-là ce qu'on appelle *capacité des corps pour le calorique*. Il résulte de-là que les différens corps élevés à la même température & marquant le même degré au thermomètre, contiennent réellement des quantités différentes de calorique.

V. Cette quantité diverse de calorique contenue dans des corps elevés à la même température, & qu'on nomme avec raison *calorique spécifique*, ne pouvant pas être mesurée par le thermomètre, on a imaginé de la déterminer par la quantité de glace que chaque corps élevé à une température uniforme est capable de fondre, pour descendre au même degré. La différence dans cette quantité donne le rapport du calorique contenu dans les corps, & l'instrument qui sert à l'obtenir est nommé *Calorimètre*.

VI. Toutes les expériences faites par les physiciens modernes qui se sont occupés de la théorie du calorique, prouvent que les corps en changeant d'état, changent aussi de capacité. On nomme changement dans les corps, leur solidité, leur liquidité, leur fluidité élaſtique. Il ſuit de-là qu'en mêlant deux corps ſolides qui ne ſe combinent point, élevés à des températures inégales, ſi leur capacité eſt la même, on obtiendra la moyenne qui réſulte des deux températures ; mais ſi leur capacité eſt inégale, la température du mélange s'éloignera plus ou moins de la moyenne, & la différence indiquera la capacité réciproque de ces deux corps.

VII. Les phénomènes précédens annoncent que le calorique a des attractions différentes ou divers degrés d'affinité pour les différens corps. Dans toutes les combinaiſons il faut donc calculer avec ſoin cette attraction variée du calorique.

VIII. Quand les corps s'uniſſent, ou ils perdent du calorique, ce qui annonce que la nouvelle combinaiſon en contient moins que ſes compoſans, alors l'opération offre de la chaleur ſenſible à nos organes, & la température des mélanges s'élève, c'eſt ce qui a lieu le plus ſouvent dans les expériences ; ou bien les corps qui ſe combinent abſorbent du calorique, & la nouvelle combinaiſon contient plus de calorique que ſes principes iſolés ; alors pendant que ces combinaiſons ont lieu, les mélanges ſe refroidiſſent, le calorique qui étoit libre entre leurs molécules s'y combine plus étroitement, & il eſt même enlevé aux corps voiſins.

IX. Quelquefois le calorique eſt ſi adhérent aux corps qu'il les empêche de ſe combiner à d'autres ; c'est ainsi que plusieurs fondus en gaz ou fluides élastiques ne s'unissent point à d'autres corps ou entre eux, tant qu'ils conservent cet état de dissolution invisible dans le calorique ; il faut avoir recours à des attractions doubles pour opérer alors des combinaisons.

X. L'attraction du calorique pour quelques corps est telle, que très-souvent on l'employe avec avantage pour séparer ces corps des composés qu'ils forment, & pour analyser ou décomposer les substances composées. On ne fait pas autre chose dans les distillations, & dans toutes les décompositions opérées à l'aide du feu seul ou du calorique appliqué à des matières très-composées. On dissout peu-à-peu, & suivant leur ordre de solubilité par le calorique, les différens élémens de ces composés, & on les sépare en vapeurs ou en gaz.

XI. Souvent la lumière appliquée en même-temps que le calorique, aide son action ou réciproquement ; aussi les vaisseaux transparens mis dans les fourneaux en laissant passer la lumière & le calorique à la fois, sont-ils extrêmement utiles aux chimistes. On produit le même effet en pénétrant d'assez de calorique les vaisseaux opaques pour les faire rougir ou les rendre perméables à la lumière.

XII. Il y a des corps qui absorbent beaucoup plus vîte le calorique que d'autres, on appelle cette propriété *conductrice du calorique*; en général les corps les plus colorés sont les meilleurs conducteurs ; la cause de ce phénomène est inconnue.

XIII. Tous ces faits prouvent que le calorique est un corps particulier & non une modification de tous les corps, comme l'ont cru quelques physiciens ; il n'est pas démontré qu'il soit le même que la lumière ; plus on avance & plus on trouve de différence dans l'action de ces deux corps.

Applications de ces axiômes.

La dilatation des solides, la raréfaction des fluides.
Les thermomètres.
La fusion.
La sublimation, la volatilisation.
Le calorimètre ; table du calorique spécifique des corps.
Les changemens de température de différens mélanges.
Les réfroidissemens artificiels.
La production des gaz & leur fixation.
La distillation à différentes températures.
L'incandescence.
Les différens conducteurs du calorique.
Les attractions du calorique.

TITRE TROISIÈME.

ACTION DE L'AIR.

I. L'air agit en masse par son poids, par son état

hygrométrique, par sa température, &c. sur tous les corps naturels. Ainsi des expériences de combinaisons ou de décompositions faites avec le contact de l'air, diffèrent beaucoup de celles que l'on fait dans le vide, & il faut toujours apprécier l'état du baromètre, du thermomètre, & de l'hygromètre, dans les expériences de chimie.

II. L'atmosphère est un vaste laboratoire où la nature exerce d'immenses analyses, des dissolutions, des précipitations, des combinaisons; c'est un grand récipient, où tous les produits atténués & volatilisés des corps terrestres sont reçus, mêlés, agités, combinés, séparés. Sous ce point de vue, l'air atmosphérique est un cahos, un mélange indéterminé de vapeurs minérales, de molécules végétales & animales, de graines, d'œufs, que parcourent & traversent sans cesse le fluide lumineux, le fluide calorique, le fluide électrique. Les grands changemens qu'il éprouve & qui sont sensibles dans de grands espaces, par l'eau, la lumière, le calorique libre, le bruit, sont nommés météores.

III. Malgré ce mélange dont il semble impossible de déterminer la nature, l'air atmosphérique est sensiblement le même par sa nature intime dans quelque lieu qu'on le prenne; & il est bien caractérisé par ses deux propriétés d'entretenir la combustion & de servir à la respiration. Ces deux grands phénomènes ayant entr'eux la plus intime analogie, on peut bien connoître l'air en étudiant avec soin ce qui se passe dans la combustion.

IV. Un corps combuſtible ne peût pas brûler ſans le contact de l'air atmoſphérique ou d'une matière qui en a été extraite, ainſi la combuſtion ne ſauroit avoir lieu dans le vide.

V. Un corps combuſtible ne peut brûler dans une quantité donnée d'air atmoſphérique, que juſqu'à une certaine époque. Cent parties de cet air n'en contiennent que vingt-ſept qui puiſſent ſervir à la combuſtion ; quand ces vingt-ſept parties ont été abſorbées par le corps combuſtible, la combuſtion s'arrête, les ſoixante-treize autres parties ne peuvent point y ſervir. Ainſi l'air atmoſphérique eſt un composé de deux ſubſtances différentes, abſtraction faite de quelques corps étrangers qui y ſont mêlés, & qui ne vont pas à plus d'un centième ; de ces deux ſubſtances, l'une ſert à la combuſtion & à la reſpiration, on la nomme *air vital* ; l'autre opposée à la première par ces deux propriétés eſt appellée *gaz azote.*

VI. Un corps qui brûle dans l'air fait donc une véritable analyſe de ce fluide ; il en ſépare, il en abſorbe l'air vital qui augmente le poids de ce corps & change ſa nature ; le gaz azote qui reſte eſt plus léger que l'air atmoſphérique, il éteint les corps en combuſtion, il tue les animaux, il eſt, comme nous le verrons plus bas, un des principes de pluſieurs composés, & ſur-tout de l'ammoniaque ou alcali volatil, de l'acide du nitre, & des ſubſtances animales.

VII. Le corps combuſtible qui a brûlé dans

l'air atmosphérique, & qui en a absorbé tout l'air vital auquel il peut s'unir, ne peut plus brûler davantage dans de nouvel air; il est devenu incombustible & souvent salin.

VIII. Un corps qui brûle dans l'air atmosphérique n'absorbe jamais complétement les 0,27 d'air vital qu'il contient. Pour enlever entièrement ce fluide à l'air atmosphérique, & pour en faire une analyse complette, il faut y plonger à plusieurs reprises des corps combustibles, & y recommencer de nouveau la combustion.

IX. La portion d'air ainsi absorbée par les corps combustibles, & qui a déjà été nommée air vital, est aussi appellée *gaz oxigène*; son premier nom vient de ce qu'il est le seul fluide élastique qui entretienne la vie; le deuxième lui est donné, parce que beaucoup de corps en l'absorbant deviennent acides.

X. La combustion consiste donc dans la fixation & l'absorption de l'air vital par les corps combustibles, dans la décomposition de l'air atmosphérique par ces corps. Comme il n'y a que l'air vital qui y serve, on conçoit qu'un corps très-combustible, susceptible d'absorber en entier l'air vital, pourra être employé pour déterminer la proportion des deux fluides atmosphériques, c'est ainsi que le phosphore est adopté aujourd'hui pour l'*Eudiométrie*, ou pour connoître la pureté de l'air; c'est-à-dire la portion d'air vital qu'il contient.

XI.

XI. Comme l'air vital eſt un gaz, & que beaucoup de corps combuſtibles, en l'abſorbant, le fixent, lui font prendre la forme ſolide, il faut que l'air vital, en ſe précipitant ainſi, perde le calorique qui le tenoit fondu, qui lui donnoit la forme de fluide élaſtique, de-là l'origine du calorique dégagée, ou de la chaleur produite pendant la combuſtion.

XII. Tous les corps combuſtibles diffèrent entr'eux, 1°. par la rapidité avec laquelle ils abſorbent l'oxigène; 2°. par la quantité qu'ils en abſorbent; 3°. par la proportion de calorique qu'ils dégagent de l'oxigène abſorbé; 4°. & conſéquemment par l'état plus ou moins ſolide de l'oxigène qu'ils contiennent après avoir brûlé.

XIII. On peut donc définir les corps brûlés des corps combinés avec l'oxigène; on les nomme auſſi ſubſtances oxigénées, oxidées, & comme le plus grand nombre des corps connus ſont ou des corps combuſtibles ou des corps brûlés, il eſt permis de ſoupçonner que pluſieurs corps incombuſtibles naturels dont on ne connoît point la compoſition, ne ſont incombuſtibles que parce qu'ils ſont ſaturés d'oxigène. Ce ſoupçon a déjà été vérifié pour un certain nombre.

XIV. Il réſulte de pluſieurs des axiomes précédents, que quand on brûle un corps combuſtible pour ſe procurer de la chaleur, comme on le fait pour adoucir la rigueur de l'hiver, c'eſt pour tirer de l'air lui-même, en plus grande partie au moins, le calorique qui y eſt combiné. On peut même dire que plus l'air eſt froid, & plus on en tire de chaleur, parce qu'il paſſe plus d'air ſous un même volume dans un foyer quand l'atmoſphère eſt très-froide. On ſait aſſez que le feu de nos foyers eſt bien plus ardent & bien plus vif lorſque l'air ſe réfroidit tout-à-coup, & l'art d'augmenter la combuſtion par de l'air condenſé qu'on verſe ſur le bois déjà chaud, eſt fondé ſur ce principe.

XV. La combuſtion ne ſe borne donc pas à décompoſer l'air de l'atmoſphère, en abſorbant un de ces principes, mais elle décompoſe encore l'air vital, en abſorbant, en fixant, en ſolidifiant plus ou moins dans le corps combuſtible l'oxigène ou la baſe de l'air vital, & en dégageant le diſſolvant de cette baſe, le calorique, en plus ou moins grande quantité.

XVI. Il y a dans la combuſtion un autre phénomène intéreſſant que la chimie moderne eſt parvenue à expliquer. C'eſt celui du dégagement de la lumière ou de la production de la flamme. Il eſt prouvé, que la plus grande partie de la lumière qui conſtitue la flamme eſt contenue dans l'air vital, dont elle forme un des principes; 1°. parce que les corps combuſtibles donnent beaucoup plus de flamme quand ils brûlent dans l'air vital ſeul, que dans l'air atmoſphérique; 2°. parce qu'il y a des corps combuſtibles qui ne brûlent avec flamme que dans l'air vital; 3°. parce que pour dégager l'oxigène des corps qui le contiennent, en air vital, il ne faut pas ſeulement le fondre par une quantité plus ou moins grande de calorique, mais parce qu'il eſt néceſſaire d'y ajouter en même-temps de la lumière ; 4°. enfin parce qu'il y a des corps brûlés qui par le ſeul contact de la lumière ſe laiſſent enlever l'oxigène : c'eſt dans ce ſens qu'il faut entendre la propriété de *débrûler* & la *décombuſtion*, qui a été annoncée comme un caractère de la lumière dans le titre premier.

XVII. Ainſi on doit regarder l'air vital comme un composé d'une baſe ſolidifiable, peſante, acidifiante, l'*oxigène*, fondue dans les deux diſſolvans, le calorique & la lumière, qui ſont par eux-mêmes des corps très-diviſés, très-élaſtiques & ſans péſanteur appréciable ; la combuſtion conſiſte dans une précipitation plus ou moins complette de l'oxigène de ſes deux diſſolvans.

XVIII. Un corps combuſtible en brûlant dégage donc non-ſeulement du calorique de l'air vital, mais encore de la lumière, & chaque corps combuſtible ſépare une quantité différente de lumière de l'air vital, comme il en dégage une quantité différente de calorique. Il eſt vraiſemblable qu'il y a des corps combuſtibles qui dégagent plus de calorique que de lumière de l'air vital, & d'autres qui en ſéparent plus de lumière que de calorique.

XIX. L'oxigène fixé dans les corps combuſtibles brûlés y eſt donc plus ou moins privé de calorique & de lumière ; la denſité, la ſolidité qu'il acquiert alors eſt une des cauſes auxquelles eſt due la plus ou moins grande facilité qu'on éprouve pour séparer des corps combustibles brûlés, l'oxigène en air vital. Il en est qui demandent pour cela plus de calorique que de lumière, & d'autres plus de lumière que de calorique.

XX. Il est aisé de sentir, d'après tout ce qui a été dit jusqu'ici, qu'enlever l'ogixène à un corps brûlé, c'est faire une opération inverse de la combustion. Il n'y a pas de mot dans la langue pour rendre cette opération. On peut dire que l'on *débrûle*, que l'on *désoxide* les corps; de-là l'expression de *décombustion*, *désoxidation*.

XXI. Outre que l'oxigène tient plus ou moins fortement aux corps combustibles, suivant qu'il y est uni plus ou moins solide, & qu'il a perdu plus ou moins de ses dissolvans, calorique & lumière, il adhère encore à ces corps par son attraction, par son affinité propre pour chacun d'eux. On connoît déjà un assez grand nombre de ces affinités de l'oxigène pour les différens corps, & on en a déjà déterminé quelques-unes dans leur rapports.

XXII. C'est en raison de ses affinités qu'on fait passer souvent l'oxigène d'un corps brûlé dans un corps combustible. Il se fait alors une combustion d'autant plus cachée, d'autant plus tacite en quelque sorte, que l'oxigène est plus solide dans le corps brûlé, & plus voisin de la densité du corps qui l'absorbe ou dans lequel il passe. Mais cette espèce de combustion se fait quelquefois avec flamme & chaleur vive; ces phénomènes ont lieu lorsque le corps qui enlève l'oxigène doit le contenir plus ſolide que celui qui le lui cède. C'eſt ainſi que le fer, le zinc, l'antimoine, l'arſénic, &c. brûlent avec flamme, lorſqu'on les chauffe avec l'oxide de mercure, auquel ils enlèvent l'oxigène, qu'ils doivent contenir plus ſolide que ne le contenoit le mercure.

Applications de ces propoſitions.

L'obſtacle qu'oppoſe l'air à l'évaporation, à l'ébullition des liquides, à la ſublimation, &c.

La diſſolution de l'eau dans l'air, & l'état hygrométrique de l'atmoſphère.

L'efflореſcence & la déliqueſcence des corps ſalins, &c.

Les météores aqueux.

Les expériences faites à diverſes hauteurs de l'atmoſphère.

Les expériences faites dans le vide.

La nature comparée des corps combuſtibles.

L'augmentation de poids & le changement de nature de ces corps après la combuſtion.

L'hiſtoire des corps naturels brûlés.

La flamme & la chaleur artificielles.

La théorie des fourneaux.

Les différens procédés eudiométriques.

La reſpiration des différens animaux.

Le méphitiſme par la combuſtion & la reſpiration.

La chaleur animale entretenue, diminuée, augmentée.

La tranſpiration cutanée & pulmonaire, &c.

TITRE QUATRIÈME.

NATURE ET ACTION DE L'EAU.

I. L'eau existe dans trois états ; solide c'est la glace ; liquide, c'est sa forme la plus connue ; en vapeur ou en gaz.

II. La glace est une cristallisation plus ou moins régulière, transparente, très-sapide, élastique, fusible au-dessus de o de température, qui laisse encore sortir beaucoup de calorique de son intérieur dans plusieurs combinaisons.

III. La glace à o absorbe pour se fondre 60 dégrés de température, ou la quantité de calorique nécessaire pour élever une quantité d'eau égale à la sienne, de 60 dégrés au-dessus de o. Sa capacité n'est donc pas la même que celle de l'eau liquide, ce qui tient à la différence de son état, comme il a été dit au titre II. n°. VI.

IV. Toutes les fois que l'eau liquide perd beaucoup de calorique en se combinant, on doit la considérer comme solide dans ces combinaisons ; souvent même elle y est beaucoup plus solide que de la glace à o ; c'est de-là que dépend la solidité des mortiers, des cimens où entre la chaux éteinte.

V. L'eau reste éternellement solide sur les montagnes réfroidies depuis des siecles par la présence de la glace, & sous les pôles ; elle y forme des eſpèces de rochers ou des concrétions blanches preſque ſemblables à des pierres.

VI. L'eau liquide & pure eſt ſans ſaveur, ſans odeur, d'une peſanteur 850 fois plus conſidérable que l'air; elle forme les fleuves, les rivières, les étangs, les ſources, les ruiſſeaux, &c. Elle occupe les cavités, les ſillons, & en général les parties les plus baſſes du globe.

VII. Elle eſt très-rarement pure, parce qu'elle diſſout dans la terre & à ſa ſurface l'air, les gaz ſalins, les ſels terreux; elle agit même ſur les pierres les plus ſolides; elle les diſſout, les charrie, les dépoſe, les fait criſtalliſer. C'eſt pour cela qu'on l'a nommée le grand diſſolvant de la nature; elle donne naiſſance à beaucoup de phénomènes, & elle eſt un des plus grands agens qui modifie ſans ceſſe la ſurface du globe. Ses mouvemens, ſes courans, ſon action, ont changé peu-à-peu la nature des minéraux, & ont créé une eſpèce de monde nouveau ſur l'ancien.

VIII. Toutes les eaux terreſtres contiennent d'après cela quelque ſubſtance étrangère à la nature de l'eau; on en reconnoît la préſence par ſa peſanteur ſpécifique augmentée, ſa ſaveur plus ou moins fade, terreuſe, crue, la difficulté de bouillir, de cuire les légumes, de diſſoudre le ſavon. L'eau qui s'éloigne le plus de ces propriétés étrangères à ſon caractère eſſentiel, eſt la plus pure.

IX. L'eau terreſtre, aſſez pure pour ſervir aux

besoins de la vie & à la plupart des arts, est celle qui coule sur un terrein sabloneux, quartzeux & qui est en contact avec l'air. Celle au contraire qui traverse la craie, les plâtres, les marbres & qui séjourne sur des tourbes, des bitumes, des mines, & dans des cavités souterraines loin de l'atmosphère, est plus ou moins impure.

X. L'art chimique de corriger les eaux impures crues, dures, consiste à les exposer à l'air, les agiter a son contact, les faire bouillir, les distiller, & les combiner ensuite à l'air. Souvent l'addition des cendres, des alcalis, des acides légers, sert à diminuer les mauvaises qualités des eaux, quelquefois même cette addition les fait totalement disparoître. La plupart des corps étrangers qui altèrent la pureté des eaux étant en général ou beaucoup plus volatils ou beaucoup plus fixes que l'eau, la distillation est le moyen le plus sur d'avoir de l'eau pure. Voilà pourquoi les chimistes emploiyent toujours de l'eau distillée dans leurs expériences.

XI. L'eau liquide étant une combinaison de glace à o & de la quantité de calorique suffisante pour élever de o à 60 degrés du thermomètre de Réaumur une quantité d'eau égale à la sienne, quand on y ajoute du calorique, elle se raréfie; lorsqu'elle a acquis 80 degrés au-dessus de o, elle prend la forme de gaz, elle est en vapeurs; alors elle est bien plus légère que l'eau liquide, elle occupe un volume beaucoup plus considérable, elle pénètre facilement tous les corps, elle se dissout bien dans l'air; son effort expansif par une élévation de température, la rend ſuſceptible de mouvoir des maſſes énormes.

XII. Comme l'eau liquide abſorbe de l'air qui la rend légère, l'air abſorbe auſſi de l'eau & la diſſout ; telle eſt la cauſe de l'évaporation de l'eau. Cette diſſolution de l'eau dans l'air, eſt ſèche & inviſible comme lui ; elle ſuit la raiſon de la température de l'atmoſphère ; l'hygromètre n'indique point exactement cette eau, il n'eſt point altéré par une diſſolution complette, mais il marche en raiſon de l'eau qui va ſe diſſoudre, & ſur-tout de celle qui ſe précipite.

XIII. L'eau n'eſt point un corps ſimple comme on l'a cru ſi long-temps. En faiſant brûler avec activité un grand nombre de corps combuſtibles plus ou moins échauffés, comme le charbon & le charbon de terre déjà allumés, le fer rouge, le zinc fondu & rouge, l'huile, &c. l'eau ſe décompoſe ; elle dépoſe dans les corps combuſtibles l'oxigène qu'elle contient.

XIV. A meſure que l'oxigène de l'eau ſe fixe dans les corps combuſtibles qu'elle allume, ſon autre principe ſuſceptible de ſe diſſoudre dans le calorique, forme le gaz inflammable qui ſe dégage. Comme ce ſecond principe eſt un des élémens de l'eau, on l'a nommé *hydrogène* & *gaz hydrogène*, ſa diſſolution fluide élaſtique dans le calorique & la lumière. Le dégagement de ce principe en gaz qui a lieu toutes les fois que l'eau eſt décompoſée par un corps combuſtible, eſt la cauſe d'un grand nombre de détonations & de fulminations.

XV. Le gaz hydrogène qu'on obtient dans un grand nombre d'expériences vient toujours de l'eau, soit originairement & par l'effet d'une décomposition ancienne qui l'a fixé en hydrogène dans différens corps, soit par une décomposition instantanée de l'eau elle-même. Ainsi tout gaz inflammable vient de l'eau.

XVI. Des expériences multipliées ont prouvé que l'eau contient à-peu-près o, 85 d'oxigène, & o, 15 d'hydrogène : la synthèse de l'eau, une des plus magnifiques découvertes de la chimie moderne, confirme l'analyse de ce corps; car en unissant par la combustion o, 85 parties d'oxigène & o, 15 d'hydrogène, on obtient 100 parties d'eau pure.

XVII. Quand l'eau est décomposée par un corps combustible, cela ne se fait que par une double affinité, celle de l'oxigène de l'eau pour le corps combustible, & celle du calorique pour l hydrogène de l'eau. C'est pour cela que la décomposition de l'eau par le fer, le charbon, &c. se fait d'autant plus vîte qu'il y a plus de matière calorique employée dans l'expérience. On conçoit par cette nécessité d'une abondance extrême de calorique dans cette opération, comment l'hydrogène, un des élémens de l'eau, peut acquérir une légéreté si grande au-dessus de celle de ce fluide; en effet un pied cube d'eau pesant 70 livres, un pied cube de gaz hydrogène pur ne pèse que 61 grains.

XVIII. Le gaz hydrogène, toujours produit par la décomposition de l'eau, entraîne avec lui beaucoup de corps en ſuſpenſion ou en diſſolution, ſuivant la nature plus ou moins mélangée des corps d'où il ſe dégage ; ainſi il eſt mêlé de gaz azote, de gaz acide carbonique, d'air vital ; ou bien il tient en diſſolution, de l'eau, du carbone, du ſoufre, du phoſphore, de l'arſenic, de l'huile, de l'alcool, de l'éther, &c. Suivant ces différentes ſubſtances additionnelles à ſa compoſition intime, il varie dans ſon odeur, ſa péſanteur, ſon inflammabilité, la couleur de ſa flamme, ſon action ſur differentes ſubſtances, ainſi que par les produits étrangers à l'eau pure qu'il donne en brûlant. De-là ſont venues toutes les eſpèces & les dénominations différentes de gaz inflammables que l'on a admiſes, & dont la baſe générique eſt toujours le gaz hydrogène.

XIX. Le gaz hydrogène étant une des ſubſtances naturelles qui contient le plus de calorique, c'eſt un des corps combuſtibles qui en laiſſe le plus dégager, & qui conſéquemment donne le plus de chaleur en brûlant. De-là tous les corps combuſtibles compoſés, tels que les huiles, les graiſſes, & tous ceux qui proviennent des corps organiſés en général, dont la baſe de la compoſition eſt due à l'hydrogène, donnent beaucoup de chaleur dans leur combuſtion. Tels ſont les bois, les huiles, les charbons de terre, les bitumes, l'alcool, l'éther, &c.

XX. Il ſuit auſſi de ce qui précède que, les corps combuſtibles compoſés qui contiennent beaucoup d'hydrogène dans leur compoſition, doivent en brûlant exiger une quantité d'oxigène très-conſidérable, & fournir de l'eau pour produit de leur combuſtion, en raiſon de la quantité d'hydrogène qu'ils contiennent ; ainſi une livre d'alcool donne en brûlant plus d'une livre d'eau, &c.

XXI. Les corps combuſtibles qui décompoſent l'eau, ſont en général ceux qui ont plus d'affinité, ou une attraction plus forte pour l'oxigène que n'en a l'hydrogène ; mais cette attraction eſt très-favoriſée par le calorique, qui tend de ſon côté à s'unir à l'hydrogène. La grande quantité de calorique peut même rendre l'eau décompoſable par des corps qui, à froid, ne feroient pas ſuſceptibles de la décompoſer : la lumière y contribue également.

XXII. Les corps combuſtibles qui ne décompoſent point l'eau à quelque température que ce ſoit, en raiſon de leur peu d'attraction pour l'oxigène, toujours plus foible dans ce cas que celle qui exiſte entre l'oxigène & l'hydrogène, doivent au contraire quand ils ont été brûlés par d'autres moyens, être décompoſés ou ſe laiſſe renlever l'oxigène par l'hydrogène. Voilà ce qui arrive aux oxides de plomb, de biſmuth, &c.

XXIII. On ne connoît encore dans l'art chimique que des moyens de décompoſer l'eau par des corps combuſtibles qui lui enlèvent ſon oxigène : on n'en a point qui lui enlèvent l'hydrogène & qui mettent à nud ſon oxigène ; il paroît que la nature a des inſtrumens pour opérer cette maniere inverſe de décompoſition de l'eau ; les feuilles des végétaux frappées par les rayons du ſoleil paroiſſent décompoſer l'eau ; abſorber ſon hydrogène, & dégager ſon oxigène en air vital. Tel paroît être en partie le méchaniſme de la végétation, de la formation des huiles, & du renouvellement de l'atmoſphère. *Voyez* le titre IX.

XXIV. Tant que l'hydrogène & l'oxigène tous les deux fondus en gaz par le calorique & la lumiere, ſont en contact à froid l'un avec l'autre, ils ne ſe combinent point ; il n'y a point d'inflammation, il ne ſe forme point d'eau. Mais quand on approche du mélange un corps en ignition, ou quand on le comprime fortement, ou par une ſecouſſe violente & bruſque quelconque, ces deux gaz commencent à ſe combiner, la combuſtion s'opère & l'eau ſe forme.

XXV. Il paroît qu'il ſe paſſe un phénomène analogue dans l'atmoſphère ; les détonations atmoſphériques, les coups de tonnerre, ſemblent n'être qu'une combuſtion de gaz hydrogène & d'air vital, auſſi ſont-ils ſouvent ſuivis d'une pluie rapide ; ce qu'on appelle les grains ſur mer, paroiſſent être dus ainſi à une formation inſtantanée d'eau dans l'atmoſphère, par la combuſtion rapide du gaz hydrogène & de l'air vital, occaſionnée à l'aide de l'étincelle électrique & par la néceſſité du rétabliſſement de l'équilibre électrique entre differens nuages, ou entre les nuages & la terre.

XXVI. Une foule de phénomènes chimiques

de la nature & de l'art, qui étoient autrefois inexplicables & qu'on comptoit parmi les miracles, sont aujourd'hui des suites nécessaires de la décomposition de l'eau bien appréciée; l'influence des vérités exposées dans ce titre sur la théorie générale de la chimie, est immense; on la retrouvera dans tous les titres suivans.

Application des propositions de ce titre.

Les réfroidissemens artificiels.

La théorie des glaciers, des glaces polaires.

Les variétés des eaux atmosphériques & terrestres.

L'art de corriger les mauvaises qualités des eaux.

La théorie de l'ébullition de l'eau.

La différence de l'eau bouillie & de l'eau aérée.

La distillation de l'eau en grand; celle de l'eau salée.

La théorie des brouillards, des rosées.

La théorie de l'hygromètre & des effets hygrométriques.

L'inflammation des corps combustibles par l'eau.

Les gaz dégagés des eaux de marres.

La variété des gaz inflammables.

Les colorations par les gaz.

Les oxidations des métaux, ou la rouille formée par l'air humide.

La théorie des détonations.

Quelques phénomènes des dissolutions métalliques.

Quelques bases de la théorie de la végétation, de la formation des huiles, &c.

TITRE CINQUIÈME.

NATURE ET ACTION DES TERRES ET DES ALCALIS.

I. Ce que l'on nommoit autrefois la terre exclusivement, ce qu'on regardoit comme un élément & comme la cause de la solidité, de la sécheresse, de l'insipidité, de l'indissolubilité, &c. n'appartient plus qu'à une de ses idées vagues & indéterminées, que l'imagination peu satisfaite encore des succès de l'expérience, avoit créées pour tenir lieu de faits. Aujourd'hui on ne connoît point une terre élémentaire, & au lieu d'une, on a trouvé au moins cinq substances terreuses qui auroient toutes autant de droit pour être nommées des élémens, puisque chacune entre dans la composition de beaucoup de corps.

II. Des cinq substances terreuses que l'on a découvertes, deux sont en quelque sorte plus terreuses, plus sèches, plus susceptibles de dureté, plus insipides, &c., & les trois autres ont des propriétés salines qui les rapprochent des matières alcalines; on a nommé ces trois dernières substances *salinoterreuses*, *terres salines*, *terres alcalines*, *alcalis terreux*. Les deux premières sont la Silice & l'Alumine; les trois autres sont la Baryte, la Magnésie, la Chaux.

III. Chacune des cinq terres a des caractères spécifiques qui la distinguent, outre ceux qui lui appartiennent en commun & qu'on pourroit nommer *génériques*. Ces derniers ſont la ſéchereſſe, l'inaltérabilité au feu, l'infuſibilité, la propriété de ne ſe pas décompoſer & de ſe comporter dans les combinaiſons comme des matières ſimples & indeſtructibles.

IV. La Silice qu'on a nommée *terre ſilicée*, *terre ſiliceuſe*, *terre quartzeuſe*, *terre vitrifiable*, eſt rude au toucher ; elle uſe & raye les métaux ; elle eſt infuſible & apyre, indiſſoluble dans l'eau & dans la plupart des acides, ſoluble par les alcalis à un grand feu, & formant le verre avec ces ſels ; on la trouve abondamment dans le ſable, le quartz, le ſilex, l'agate, le jaſpe, le grès & toutes les pierres ſcintillantes dont elle fait la baſe. On ne l'a point décompoſée ni imitée par la ſynthèſe. On l'a regardée comme la terre la plus ſimple, l'élément terreux, l'origine de toutes les autres terres, mais on n'a point prouvé ces aſſertions par l'expérience. Elle ſert à une foule d'uſages, & ſur-tout au moulage, à la verrerie, au cimens, aux poteries, &c.

V. L'Alumine, ainſi nommée parce qu'elle fait la baſe de l'alun, appellée *argile* par quelques auteurs, douce ſous le doigt, happant à la langue, durciſſant au feu, faiſant pâte avec l'eau, s'uniſſant à la plupart des acides, ſe ſéchant en feuillets, prenant une grande dureté par ſon mélange avec l'eau & la ſilice, contenue en grande quantité dans les argiles, les glaiſes, les ſchites, les ſtéatites &c. employée dans une foule d'arts, comme prenant & retenant les formes, ſe cuiſant au feu,

arrêtant

arrêtant l'eau ; inconnue dans ſa nature intime ou dans ſes principes, regardée fauſſement comme de la ſilice altérée, diviſée, pourrie par l'air & l'eau.

VI. La baryte ou la terre peſante, remarquable par ſon extrême peſanteur, jamais ſeule dans la nature & toujours unie aux acides ſulfurique & carbonique, prenant une couleur bleue ou verte par le feu & avec le contact de la ſilice ou de l'alumine des creuſets, ſe diſſolvant dans 900 parties d'eau, verdiſſant la couleur des violettes, ayant une affinité plus grande que les alcalis mêmes avec la plupart des acides, inconnue dans ſes principes, ſoupçonnée d'être un oxide métallique, ſervant à faire reconnoître par-tout la préſence & la quantité de l'acide ſulfurique.

VII. La magnéſie, très-fine, très-blanche, inaltérable au feu, douce & légère, reſſemblant à une fécule, exigeant près de deux milles parties d'eau pour ſe diſſoudre, ne verdiſſant que légèrement la teinture des violettes & des mauves, formant des ſels très-ſolubles avec les acides, y tenant moins que la chaux qui l'en ſépare, & à-peu-près autant que l'ammoniaque qui conſtitue avec elle & les acides des ſels a deux baſes, ou une claſſe de ſels triples, exiſtant en quantité notable dans les ſerpentines, le mica, les ardoiſes, les amianthes, indécompoſable comme les précédentes, & inconnue comme elles dans ſa compoſition.

VIII. La chaux, la plus alcaline des terres, la

seule qui ait une saveur âcre, chaude, presque caustique, désagréable & urineuse, verdissant fortement le sirop de violettes, attirant l'eau atmosphérique dans son extinction à l'air, s'échauffant beaucoup avec l'eau & la solidifiant avec elle, en dégageant une très-grande quantité de calorique dans son extinction à sec, se dissolvant dans moins de 700 parties d'eau, attirant l'acide carbonique de l'atmosphère, & formant à la surface de sa dissolution une croûte de craie improprement nommée *crême de chaux*, inaltérable enfin quand elle est seule, mais se fondant avec la silice & l'alumine, formée de principes ignorés encore, quoique manifestement composée.

IX. La conversion prétendue des terres les unes dans les autres admise par les naturalistes, est une véritable chimère. Il n'est point prouvé que la silice devienne de l'alumine à l'air, que les silex se changent en craie, que la craie se convertisse en magnésie, comme on l'a pensé d'après des indices beaucoup trop légers.

X. Les trois terres alcalines semblent être plus manifestement composées que les deux premières. On est porté à penser que l'azote est un de leurs principes, & que c'est lui qui leur donne ces propriétés alcalines ; mais l'expérience n'a point encore fourni la preuve de cette idée ; leur formation attribuée avec vraisemblance aux animaux marins qui contiennent beaucoup d'azote dans leur composition, lui donne quelque fondement.

XI. Quant à leur nature métallique qu'on a cru

démontrer par de prétendues réductions en métaux des cinq terres, en les chauffant fortement avec du charbon, les globules métalliques très-petits & très-peu abondans qu'on a obtenus, venant manifestement des charbons & de la terre de coupelle qu'on avoit mêlés à toutes les terres, & ayant été reconnus pour du phosphure de fer dans le traitement des cinq terres différentes, il est bien prouvé que les terres ne donnent point de substances métalliques.

XII. Si quelques physiciens continuent de penser que les terres soient des espèces de corps brûlés, auxquels l'oxigène est extrêmement adhérent, & qui ne peuvent pas être décomposées à cause de leur forte attraction pour ce principe, cette opinion n'est point appuyée sur l'expérience. Les terres s'unissent entre elles 2 à 2, 3 à 3 & même en plus grand nombre par des procédés qui nous sont inconnus, mais que la nature pratique très-en grand, pour donner naissance aux pierres différentes par leur dureté, leur tissu, leur transparence, leur opacité, leur couleur, leur forme, &c. Si l'art n'a point imité ces composés, c'est que le temps, les masses & l'espace lui manquent.

XIII. Les trois terres alcalines forment une espèce de passage entre les terres & les alcalis; ceux-ci sont reconnoissables par leur saveur âcre, brûlante & urineuse, leur causticité, leur action singulière sur la peau & sur toutes les matières animales, l'altération de la couleur bleue des violettes en vert & même en jaune verdâtre, leur déliquescence. On en connoît trois espèces, la potasse, la soude & l'ammoniaque : les deux premières ont été appellées *alcalis fixes*, parce qu'elles se fondent & rougissent au feu avant de se volatiliser ; la troisième, en raison d'une propriété opposée, a été nommée *alcali volatil*.

XIV. La potasse se reconnoît aux caractères suivans : elle est sèche, solide, blanche, cristallisée en plaques rhomboïdales, fusible à une température de 90 degrés, très-déliquescente, se dissolvant dans l'eau avec chaleur & odeur fade particulière, se combinant très-bien & formant un composé transparent par la fusion avec la silice. Elle se trouve souvent avec la chaux & combinée avec différens acides dans la nature. On la retire sur-tout des végétaux ; elle reste dans leur cendre après la combustion. On croit qu'elle a de l'analogie avec la chaux, & qu'elle pourroit être formée de cette matière unie à l'azote ; mais cette opinion n'est point prouvée par l'expérience.

XV. La soude retirée des plantes marines par leur incinération, faisant la base du sel marin, ressemble singulièrement à la potasse par sa forme, sa causticité, sa fusibilité, sa déliquescence, sa fusion avec la silice, son action sur les matières animales, &c. On la confondroit avec elle, comme on l'a fait pendant long-temps, si elle ne formoit point avec les acides des sels tous différens de ceux que forme la potasse, & si elle ne cédoit pas les acides à cette dernière. On a pensé que la soude étoit un composé de magnésie & d'azote, parce que l'on trouve auſſi ſouvent les ſels à baſe de magnéſie avec ceux à baſe de ſoude, que l'on rencontre les ſels calcaires avec ceux à baſe de potaſſe ; mais l'une de ces penſées n'eſt pas plus vérifiée encore que l'autre.

XVI. L'ammoniaque ou alcali volatil, diffère beaucoup des deux précédentes eſpèces par ſa forme de gaz, lorſqu'elle eſt diſſoute dans le calorique, par celle de liquide lorſqu'elle eſt diſſoute dans l'eau, par ſon odeur vive & ſuffoquante, par ſa diſſolubilité dans l'air, par ſa d compoſition connue & facile à l'aide de l'étincelle électrique, des oxides métalliques, des acides nitrique & muriatique oxigené. Cette décompoſition prouve que l'ammoniaque eſt compoſée d'hydrogène & d'azote, & c'eſt pour cela qu'elle préſente ſouvent des phénomènes d'une matière combuſtible. On conçoit auſſi par-là comment les matières animales fourniſſent de l'ammoniaque dans la putréfaction.

XVII. Si l'azote eſt reconnu quelque jour comme le principe qui forme les alcalis, l'atmoſphère ſe trouvera être un compoſé d'oxigène & d'alcaligène, fondus, chacun ſéparément dans le calorique ; elle offrira un vaſte réſervoir, où le phyſicien verra la nature puiſant les matériaux des deux claſſes d'agens compoſés, les plus actifs & les plus utiles pour un grand nombre de ſes opérations.

Applications des propoſitions de ce titre.

L'extraction, la préparation & purification des terres.

La théorie des arts du potier, du briquetier; du tuilier, du faïencier, de la porcelaine.

La théorie des cimens & des mortiers.

Les combinaisons réciproques des terres par feu.

La lithogéognosie.

La nature composée des terres & des pierres.

Les altérations naturelles des pierres.

Les changemens des couleurs par les alcalis.

La vitrification, les procédés des verriers.

L'extraction & la purification de la potasse & de la soude.

La théorie des caustiques alcalins.

Quelques points de la putréfaction.

TITRE SIXIÈME.

NATURE DES CORPS COMBUSTIBLES.

I. Les corps combustibles sont trop variés, trop nombreux & trop importans dans les phénomènes qu'ils présentent, & dans les combinaisons qu'ils éprouvent sans cesse entre eux & avec l'air, pour ne pas les examiner avec soin, & pour ne pas chercher à en bien déterminer les propriétés, les caractères spécifiques.

II. En comprenant sous ce nom toutes les substances susceptibles de se combiner plus ou moins rapidement avec l'oxigène, & d'en dégager le calorique & la lumière, on doit les distinguer en deux classes; savoir les combustibles simples ou indécomposés & les combustibles plus ou moins composés.

III. Les combustibles simples n'ont pu être jusqu'ici ni décomposés, ni faits de toutes piéces. On ne connoît pas leur nature intime. Ils se rencontrent quelquefois isolés dans le règne minéral ou dans les deux autres règnes, & presque toujours combinés deux à deux. Tels sont le diamant, l'hydrogène, le soufre, le phosphore, le carbone & les métaux. Il faut connoître chacun de ces 6 genres en particulier.

IV. Le diamant, le corps le plus dur que l'on connoisse, très-remarquable par la force avec laquelle il refrange & décompose la lumière, & par laquelle Newton avoit découvert qu'il étoit très-combustible, se trouve cristallisé en octaëdres, dodécaëdres, &c. dans la nature ; il présente quelques espèces différentes par leur tissu, leur densité, leurs couleurs ; il brûle avec une flamme sensible ; il se réduit en vapeurs en brûlant ; on ne connoît pas sa combinaison avec l'oxigène ; peu de matières agissent sur lui, & si ce n'étoit sa combustibilité, on pourroit le regarder comme inaltérable. On ne connoît point encore de composés où il entre comme principe, & il semble qu'il n'obéisse point à l'attraction chimique.

V. L'hydrogène ; un des principes de l'eau, formant avec le calorique & la lumière le gaz hydrogène, 16 fois plus léger que l'air, indissoluble dans la plupart des corps, dissolvant au contraire le soufre, le phosphore, le carbone, l'arsénic, les huiles, &c., & formant par ces dissolutions les diverses espèces de gaz inflammables, qu'on nomme aujourd'hui *gaz hydrogène sulfuré, phosphoré, carboné arsénié, huileux*, &c. décomposant plusieurs oxides métalliques, les acides à radicaux simples & connus, donnant à tous ses composés combustibles ou non, un pouvoir refringent considérable, propriété qui avoit fait deviner à Newton que l'eau contenoit un corps combustible, se fixant dans les corps organiques, & y formant un des principes des mixtes combustibles qu'ils contiennent. (*Voyez* le titre X.)

VI. Le soufre ; corps jaunâtre, odorant, électrique, transparent & octaëdre, opaque & prismatique, fusible, éprouvant deux combustions, l'une lente avec une flamme bleue & formation d'acide sulfureux, l'autre rapide avec une flamme blanche & production d'acide sulfurique, se combinant avec les terres & les alcalis, & devenant dissoluble par ces combinaisons, s'unissant aux métaux & formant les minerais sulfureux, existant en très-grande quantité, soit seul, soit combiné avec les métaux dans la terre.

VII. Le phosphore ; corps blanc, transparent, cristallisé, lamelleux, très-fusible, brûlant de deux manières, lentement à toute température connue avec une flamme blanchâtre, une odeur âcre & formation d'acide phosphoreux ; à soixante dégrés rapidement, avec une flamme vive & très-brillante, sans odeur sensible & formation d'acide phosphorique, ne se trouvant jamais pur dans la nature, à cause de sa grande combustibilité, s'unissant bien au soufre, aux métaux, se dissolvant dans le gaz hydrogène, enlevant l'oxigène à plusieurs métaux, & les séparant des acides sous leur forme & avec leur éclat métallique, existant dans les minéraux plus même que dans les animaux, auxquels on l'attribuoit autrefois exclusivement.

VIII. Le carbone ; matière combustible des charbons, supposée pure & isolée d'avec les terres, les alcalis, les sels, &c. combustible à un grand degré de chaleur, formant avec l'oxigène, l'acide carbonique, ayant la plus forte attraction connue pour l'oxigène, & enlevant ce principe à tous les autres corps brûlés, existant en grande quantité dans les végétaux & les animaux, formant presque seul la base solide des premiers, restant à cause de cela avec leur forme après leur décomposition spontanée ou opérée par le calorique, se dissolvant dans les alcalis, dans le gaz hydrogène, s'unissant aux métaux, formant sur-tout avec le fer & l'acier, le carbure de fer improprement nommé *plombagine*, *mine de plomb* ou *crayon noir*, trouvé dans tous les règnes.

IX. Les métaux bien connus par leur grande pesanteur & leur brillant ; fusibles, cristallisables, combustibles, décomposant l'eau & plusieurs acides, s'unissant au soufre, au phosphore, au carbone, entr'eux à différentes températures, faisant dans leur état d'oxides, fonction double d'acides avec les terres & les alcalis ; & de bases salifiables avec les acides. Ce genre diffère sur-tout des précédens, parce qu'il est nombreux en espèces. Pour prendre une idée de celles-ci, qui sont au nombre de dix-ſept bien connues, & qui ſe multiplîront peut-être encore par de nouvelles recherches, je partage ce genre en cinq ſections ; dans la première, je comprends les métaux caſſans & acidifiables : il y en a trois eſpèces, l'arſénic, le tungſtène & le molybdène. Dans la ſeconde, je place les métaux caſſans & ſimplement oxidables, j'en compte cinq eſpèces, le cobalt, le biſmuth, le nickel, le manganèſe & l'antimoine. La troiſième ſection de ce genre, renferme les métaux demi-ductiles & oxidables au nombre de deux ſortes, le zinc & le mercure. La quatrième ſection appartient aux métaux bien ductiles & facilement oxidables, tels que l'étain, le plomb, le fer & le cuivre. Enfin, la cinquième eſt conſacrée aux métaux bien ductiles & difficilement oxidables, qui ſont au nombre de trois eſpèces, l'argent, l'or & le platine. Comme le titre neuvième eſt entièrement deſtiné à offrir les propriétés chimiques les plus importantes des métaux, il ſuffira d'expoſer ici ſuccinctement quelques différences ſpécifiques de chacun de ces corps, en obſervant que les noms de *demi-métaux*, de *métaux imparfaits*, de *métaux parfaits*, manifeſtement dûs aux idees erronnées de l'alchimie, doivent être bannis du langage d'une ſcience exacte.

A. L'arſenic, en lames d'un gris bleuâtre, brillant, fragile, brûlant avec une flamme bleue, & une odeur d'ail.

B. Le tungſtène, d'un gris blanc, grenu, friable, preſque infuſible, preſque indiſſoluble dans les acides, quoique très-oxidable & acidifiable par l'air & le calorique.

C. Le molybdène, en poudre ou grains noirâtres, brillans, agglutinés, cassans, très-peu fusibles, se brûlant en oxide blanc, volatil, prismatique & acidifiable.

D. Le cobalt; grenu, fin, blanc-rosé, fragile & pulvérisable, de difficile fusion, devenant bleu en le fondant avec du verre.

E. Le bismuth; en grandes lames d'un blanc jaunâtre, cassant, très-fusible, très-cristallisable, très-oxidable.

F. Le nickel; gris, grenu, dur & peu fragile, de très-difficile fusion, donnant un oxide verd par le calorique & l'air.

G. Le manganèse; gris-blanc, à grain fin, fragile, très-difficile à fondre, le seul métal qui soit si combustible à l'air qu'il change sur-le-champ de couleur, & se réduit en poussière noire en quelques jours; on doit le conserver sous l'alcool ou l'huile, pour l'empêcher de brûler.

H. L'antimoine; blanc, pur, à grandes lames, fragile, dur à fondre, à oxide blanc, sublimé & cristallisé, qui joue presque le rôle d'acide en s'unissant aux alcalis.

I. Le zinc; d'un blanc bleu, à grandes lames

demi-cassant, pouvant être laminé, facile à fondre, le plus inflammable des métaux, brûlant quand il est rouge avec une belle flamme blanche jaunâtre, décomposant fortement l'eau.

K. Le mercure, fusible à 30 — 0 degrés du thermomètre de Réaumur, congelable à ,3 — 0 degrés du même thermomètre, s'oxidant en noir (*éthiops perse*) par la simple division, ou s'éteignant par ce simple procédé dans toutes les matières visqueuses ou épaisses avec lesquelles on le triture.

L. L'étain; blanc éclatant, mou, léger, peu sonore, rayable par l'ongle, très-fusible, très-combustible, donnant un oxide blanc qui trouble la transparence du verre, & le convertit en émail.

M. Le plomb; bleuâtre, terne, lourd, mou, très-fusible, donnant un oxide le plus vitrifiable de tous, d'une couleur jaune de topase.

N. Le fer; blanc, fibreux, le plus tenace des métaux, très-dur à fondre, très-combustible, le seul attirable à l'aimant, décomposant très-bien l'eau, se réduisant en poussière à l'air, s'unissant au charbon qui le convertit en acier, le seul métal abondant dans les deux règnes organiques.

O. Le cuivre; d'un beau rouge éclatant, très-doux, très-ductile, odorant, vénéneux, combustible avec une flamme verte, formant un oxide vert à l'air.

P. L'argent; blanc, pur & brillant, sans odeur, sans saveur, très-ductile, non oxidable par le calorique & l'air, brûlant avec une flamme verdâtre par la commotion électrique, noircissant par le soufre en vapeur, inaltérable par l'air seul.

Q. L'or; d'un beau jaune brillant, très-ductile, moins combustible & oxidable que l'argent, donnant, par la commotion electrique, un oxide d'un beau pourpre.

R. Le platine; le plus lourd des métaux, blanc, gris, peu brillant, le plus infusible, le moins combustible, le moins altérable des métaux; il deviendra quelque jour un des plus précieux instrument des arts.

X. Les corps combustibles composés sont tous ceux qui résultent de la combinaison de plusieurs des combustibles précédens entr'eux; ainsi les dissolutions de soufre, de carbone, de phosphore, d'arsénic dans le gaz hydrogène, sont des gaz inflammables composés. La combinaison du soufre & du phosphore, celle du carbone avec le fer, toutes celles des métaux avec le soufre, le phosphore, & entr'eux, sont des corps combustibles composés. Tels sont presque toujours les combustibles qu'offre la nature; l'art s'occupe de les séparer les unes des autres, & de les obtenir purs & isolés.

XI. En comparant les propriétés des corps combustibles composés à celles des combustibles ſimples, on reconnoît que les prémiers ſont quelquefois plus avides d'abſorber l'oxigène que s'ils étoient ſeuls, comme beaucoup d'alliages & de ſulfures métalliques; quelques-uns ſont, au contraire moins portés à ſe brûler, en raiſon de la forte attraction qu'ils exercent les uns ſur les autres, comme le ſont en général les métaux phoſphorés. Il en eſt même quelques-uns qui ſont long-temps inaltérables à l'air, & qui paroiſſant avoir perdu par leur combinaiſon intime, la propriété combuſtible, ne l'exercent que lorſqu'ils ſont très-fortement échauffés; tel eſt le carbure de fer, qui eſt employé même avec quelques ſuccès pour garantir le fer de la rouille.

XII. L'hydrogène & le carbone, unis enſemble d'une manière très-intime dans les filières très-déliées des végétaux, & contenant ſouvent de petites portions de terre, d'alcalis, d'acides, & ſur-tout d'oxigène, forment les bitumes, les huiles, les réſines, qui, quoique tendant à ſe brûler & à ſe ſéparer, reſtent cependant quelque temps dans leur équilibre de combinaiſon, juſqu'à ce qu'une élévation rapide dans leur température, en même-temps que le contact de l'air ou de l'eau vienne faire ceſſer cet équilibre en iſolant les élémens & les combinaiſons, & en les uniſſant ſéparément à l'oxigène; auſſi les produits de ces combuſtibles compoſés ſont-ils toujours de l'eau & de l'acide carbonique. Il en eſt de même de l'alcool & de l'éther formés par des modifications des principes des végétaux, & qui, en dernière analyſe, ne ſont que des combinaiſons d'hydrogène & de carbone avec plus ou moins d'eau & d'oxigène. *Voyez* les titres X. XI & XII.

XIII. Cette expoſition des différentes eſpèces de corps combuſtibles, & de leurs principales propriétés caractériſtiques, fait voir quel rôle jouent ces corps dans les phénomènes du globe ; elle autoriſe à partager preſque tous les produits naturels en deux grandes claſſes, les corps combuſtibles & les corps brûlés ; on voit dans les maſſes & les actions des premiers, la cauſe des météores inflammables, des chaleurs partielles, des volcans, des changemens perpétuels de la ſurface de la terre, &c. ; & dans l'exiſtence des ſeconds, la diverſité & le nombre des acides, des ſels compoſés, des oxides & des ſels métalliques qui varient de mille manières l'aſpect des mines, leur décompoſition réciproque, leurs altérations par l'eau, l'air & la lumière ; enfin, on trouve dans les végétaux des machines que la nature a organiſées, pour combiner intimement pluſieurs de ces corps combuſtibles les uns avec les autres, & pour en former des compoſés d'autant plus utiles à ſes grands deſſeins, qu'ils ſont moins durables & moins permanens.

Applications principales de ces axiomes.

L'hiſtoire détaillée de la combuſtion de chaque corps combuſtible en particulier.

L'hiſtoire des terreins ſulfurés, de l'acide ſulfurique natif.

Les phénomènes de gaz inflammables naturels

dans les carrières, les mines, l'atmosphère, &c.

Les propriétés des sulfures terreux, alcalins & métalliques.

Les conversions des sulfures en sulfites & en sulfates par l'action de l'air & de l'eau.

Les propriétés, l'extraction, les combinaisons du phosphore; les phosphures métalliques.

L'existence des carbures métalliques dans la nature.

Les phénomènes tenant à la densité, à la pesanteur, à la ductilité, à la fusibilité des métaux.

Les propriétés des alliages & leurs utilités.

La formation des mines secondaires, de transport, des sels métalliques naturels.

Les volcans, les eaux sulfureuses & thermales.

Les bitumes, la comparaison du soufre, du charbon, des corps combustibles simples avec les huiles, &c. &c.

TITRE SEPTIÈME.

Formation et décomposition des acides.

I. Tous les acides se ressemblant par leur saveur, leur manière de colorer en rouge les substances végétales, leur tendance pour s'unir aux terres, aux alcalis & aux oxides métalliques, ainsi que par leur propriété d'attirer & d'êtres attirés fortement, comme le disoit Newton, il étoit naturel de penser qu'ils se ressembloient aussi dans leur nature intime, & qu'ils avoient quelque principe homogène

homogène. C'eſt auſſi ce que l'analyſe chimique, aidée par les nouveaux moyens qui ſont en ſa puiſſance, a mis hors de doute.

II. Tout acide contenant de l'oxigène & perdant de ſon acidité à meſure & à proportion qu'on lui enlève ce principe, on doit concevoir les acides comme des corps brûlés ou oxigenés, qui ſe rapprochent tous les uns des autres par la préſence du principe acidifiant.

III. Il y a deux manières de connoître la nature des acides ; l'une de les former, de les compoſer de toute pièce en brûlant, en uniſſant à l'oxigène les corps qui ſont ſuſceptibles de le devenir par cette union ; l'autre de les décompoſer, de les *débrûler*, en leur enlevant l'oxigène par des corps qui ont beaucoup d'affinité avec ce principe.

IV. Conſidérés ſous ce dernier point de vue, tous les acides connus peuvent être partagés en trois claſſes, ſavoir, 1.° ceux qui peuvent être compoſés & décompoſés, & qu'on connoît le plus complétement ; 2.° ceux qu'on peut ſeulement compoſer, mais qu'on ne peut décompoſer ; ceux-ci ſont encore bien connus ; 3°. ceux qu'on n'a ni compoſés ni décompoſés, & dont on ne connoît pas du tout la nature.

V. Sur près de 30 eſpèces d'acides connus, comme il n'y en a que trois eſpèces, à la rigueur, qui ſont dans le dernier cas, qu'on n'a pu ni compoſer ni décompoſer, & dont on ignore conſéquemment la nature, cela n'empêche pas qu'on regarde cette classe de corps comme bien déterminée, & qu'on puisse les considérer dans leurs propriétés générales & par rapport à leur composition.

VI. Tous les acides étant des composés d'oxigène avec différens corps, le premier principe est la cause de leur ressemblance, de leurs propriétés communes, & le second, différent dans chacun d'eux, peut servir à les caractériser en particulier. C'est pour cela qu'on nomme les matières qui varient dans les acides, les *radicaux*, les *acidifiables*.

VII. Ainsi tous les acides sont des combinaisons de radicaux ou de matières acidifiables, différentes dans chaque espèce, avec l'oxigène qui est le même principe dans tous; d'où il suit que leurs propriétés communes, leurs caractères d'acides dépendent de l'oxigène, leurs propriétés particulières, leurs caractères spécifiques sont dûs à leurs radicaux.

VIII. Le mot *acide* indiquant la nature générale & identique de ces corps, forme le nom générique & le nom particulier du radical qui y est contenu, peut & doit servir à désigner chaque acide en particulier. Ainsi le soufre est le radical de l'acide nommé *sulfurique*, le phosphore celui du *phosphorique*, le carbone celui du *carbonique*, &c.

IX. Quoique cette nomenclature ait l'avantage

d'exprimer la nature de chaque acide, elle n'a pas pu être employée pour tous, soit parce que le radical de quelques-uns est inconnu, soit parce qu'il est lui-même un composé de plusieurs principes qui exigeroient des mots trop multipliés pour être désignés.

X. Les radicaux acidifiables peuvent contenir des quantités différentes d'oxigène, & ils ont sous ce point de vue deux états d'acidité ; le premier est celui où ils contiennent le moins d'oxigène possible pour être acides. Alors leur acidité est ordinairement très-foible, & ils ne tiennent que légèrement aux bases susceptibles de former avec eux des sels. Dans la nomenclature méthodique moderne, on rend compte de cet état de combinaison & d'acidité, en terminant les noms de ces acides foibles, en *eux*. C'est ainsi qu'on dit les acides sulfureux, nitreux, phosphoreux, acéteux, tartareux, &c. Le second état des acides est celui où ils contiennent plus d'oxigène, où ils en sont ordinairement complétement saturés ; alors ils ont toute la force, toute l'attraction qu'ils peuvent avoir ; & cet état est exprimé dans la nomenclature par la terminaison en *ique* ; ainsi on dit les acides sulfurique, nitrique, phosphorique, acétique.

XI. Par rapport à la proportion de l'oxigène uni aux radicaux acidifiables, on peut encore donner une plus grande latitude aux considérations présentées dans le précédent article. Chaque radical peut être considéré dans quatre états ; 1°. contenant très-peu d'oxigène, pas assez pour lui donner encore la nature acide, alors il n'eſt qu'un oxide ; tel eſt le ſoufre coloré en rouge ou en brun par l'expoſition à l'air & par la chaleur inſuffiſante pour l'enflammer : c'eſt de l'*oxide de ſoufre* ; 2°. contenant plus d'oxigène que dans le premier cas, aſſez pour être déjà un acide foible ; tel eſt l'acide ſulfureux, &c. ; 3°. contenant encore plus d'oxigène que dans le ſecond cas, & devenu un acide puiſſant : tel eſt l'acide ſulfurique ; 4°. enfin contenant une doſe d'oxigène au-delà de celle qui le conſtitue acide puiſſant, acide en *ique* ; alors on le nomme *acide oxigené*, ou même *ſuroxigené.*

XII. D'après les conſidérations précédentes, on a deux manières de former à volonté les acides avec ces proportions diverſes d'oxigène, l'une eſt de combiner leurs radicaux avec les quantités déterminées d'oxigène néceſſaires pour les mettre dans l'état que l'on deſire, comme on le fait pour le ſoufre, le phoſphore, l'arſénic ; l'autre eſt d'enlever aux acides qui contiennent le plus poſſible d'oxigène, des proportions diverſes de ce principe, par des corps combuſtibles qui en ſont très-avides.

XIII. Ce dernier moyen qui eſt fondé ſur les attractions de l'oxigène par les différens corps combuſtibles, eſt ſouvent employé avec ſuccès pour décompoſer entièrement les acides, en leur enlevant tout l'oxigène qu'ils contiennent ; c'eſt par lui que les acides enflamment les corps combuſtibles. Il ſuffit pour cela que les acides dont on ſe ſert ne contiennent pas l'oxigène ſolide, & que les matières inflammables qu'on met en contact avec eux, puiſſent l'abſorber plus ſolide qu'il n'eſt dans les acides. Auſſi tous les acides décompoſables par pluſieurs corps combuſtibles, ne les enflamment-ils pas.

XIV. Le charbon eſt employé avec ſuccès pour décompoſer tous les acides qui en ſont ſuſceptibles; mais il n'eſt pas le ſeul corps combuſtible qui puiſſe y ſervir; la plupart des métaux, le phoſphore, le ſoufre, l'hydrogène ſec & ſolide, comme il eſt dans les compoſés végétaux, ont auſſi cette propriété.

XV. Tous les acides dont la différence ſpécifique eſt due, comme il a été dit, à leurs radicaux particuliers, peuvent être partagés en quatre claſſes par rapport à la nature connue ou inconnue, ſimple ou compoſée de ces radicaux.

A. La première claſſe renferme les acides à radicaux connus & ſimples, c'eſt-à-dire, formés par des ſubſtances combuſtibles, indécompoſées, unies à l'oxigène; elle comprend les eſpèces ſuivantes: l'acide ſulfurique, l'acide nitrique, l'acide carbonique, l'acide phoſphorique, l'acide arſénique, l'acide tunſtique & l'acide molybdique.

B. La ſeconde claſſe contient les acides à radicaux inconnus, mais fortement ſoupçonnés d'être ſimples; on peut compter dans cette claſſe l'acide muriatique, l'acide fluorique & l'acide boracique.

C. Dans la troiſième claſſe, je range les acides à radicaux compoſés binaires; tels ſont tous les acides végétaux, dont le radical commun eſt un composé d'hydrogène & de carbone ; l'acide succinique doit être aussi placé dans cette classe.

D. Enfin la quatrième classe appartient aux acides dont les radicaux sont des composés de trois corps au moins ; elle renferme les acides animaux, qui ont pour radicaux des combinaisons de carbone, d'hydrogène & d'azote.

XVI. Non-seulement chacune des classes d'acides présentées dans le numéro précédent, peuvent être distinguées par des caractères généraux appartenant à chacune d'elles, mais encore chaque acide en particulier a des propriétés qui le caractérisent, & qui empêchent qu'on ne puisse le confondre avec un autre. On peut même exposer ces propriétés par des expressions simples, faciles, par des phrases semblables à celles que les naturalistes employent d'après Linnéus. L'esquisse de cette méthode va être tracée dans les numéros suivans.

XVII. Les acides à radicaux simples & connus sont tous décomposables par les corps combustibles qu'ils brûlent avec plus ou moins d'activité, & se réduisent ainsi à leurs radicaux ; c'est même par cette décomposition, qu'on a trouvé la nature de leurs radicaux. On peut aussi les faire de toutes pièces, en unissant leurs radicaux à l'oxigène.

Les acides à radicaux inconnus, & soupçonnés des corps simples par de fortes analogies, n'ont d'autre caractère classique que de ne pas pouvoir être décomposés par les corps combustibles, & de ne pas être formés par l'art.

Les acides à radicaux binaires, ou les acides végétaux, font reconnoiſſables & caractériſés, 1°. parce qu'ils ſont tous décompoſables par un grand feu & par une addition ſuffiſante d'oxigène ; 2°. parce que dans cette décompoſition ils donnent de l'eau & de l'acide carbonique, formés par l'iſolement de leur hydrogène & de leur carbone, unis chacun a part à l'oxigène ; 3°. parce qu'ils ſe décompoſent ſpontanément, lorſqu'on les expoſe diſſous dans l'eau à une température au-deſſus de 10 degrés ; 4°. par ce qu'ils ne peuvent pas être décompoſés par les corps combuſtibles connus, parce que leur radical eſt compoſé des deux ſubſtances qui ont juſqu'ici la plus forte attraction poſſible pour l'oxigène ; 5°. enfin parce qu'ils peuvent être convertis les uns dans les autres ; ce qui tient à ce qu'ils ne diffèrent entr'eux que par les proportions de leurs trois principes.

Les acides à radicaux ternaires & plus compoſés encore, ou les acides animaux, quoique les moins connus de tous, ont auſſi quelques propriétés qu'on peut regarder comme des caractères claſſiques. Telles ſont la propriété de donner de l'ammoniaque lorſqu'on les décompoſe par le feu, celle de fournir de l'acide pruſſique par un changement de proportion dans leurs principes.

XVIII. A ces caractères claſſiques il faut ajouter les caractères ſpécifiques, en eſſayant un langage analogue à celui des botaniſtes & des zoologiſtes.

Acides de la Ire claſſe à radicaux ſimples & connus.

A L'acide ſulfurique, formé de ſoufre & d'oxigène, par la combustion du premier, inodore, deux fois plus pesant que l'eau, très-caustique, moins volatil que l'eau, donnant du gaz acide sulfureux & du soufre par sa décomposition due au *charbon rouge*, aux métaux, &c., formant des sulfates avec les terres, les alcalis & les oxides métalliques.

B. L'acide sulfureux, très-odorant, très-volatil, gazeux, détruisant les couleurs bleues végétales, enlevant les taches produites sur le blanc par ces couleurs, enlevant peu-à-peu l'oxigène à l'air & à beaucoup d'acides ou d'oxides, formant des sulfites avec les bases terreuses & alcalines.

C. L'acide nitrique, liquide, blanc, caustique, d'une odeur forte & nauséuse, formé d'azote & d'oxigène, enflammant le soufre, le charbon, le zinc, l'etain, les huiles, perdant par les corps combustibles des proportions variées d'oxigène, & donnant naissance ainsi à l'acide nitreux, au gaz nitreux, détruisant les couleurs, brûlant & jaunissant les matières végétales & animales, les convertissant en acides, décomposant l'ammoniaque, produit par les matières animales en putréfaction, formant les nitrates avec les terres & les alcalis, restant peu uni aux oxides métalliques & tendant à les acidifier.

D. L'acide nitreux, acide nitrique moins un peu d'oxigène, en gaz rouge ou orangé, très-volatil, décolorant les végétaux, devenant bleu & vert avec l'eau, jaunissant l'acide nitrique auquel il est uni en diverses proportions, donnant du gaz nitreux par le contact des c mbustibles, formant les nitrites avec les terres & les alcalis.

E. L'acide carbonique, formé de carbone 0, 28, & d'oxigène 0, 72, gaz plus lourd que l'air & le déplaçant, remplissant des cavités souterraines, se dégageant des liqueurs en fermentation vineuse, éteignant les bougies allumées, tuant les animaux, rougissant seulement les bleus végétaux légers, précipitant l'eau de chaux en craie, redissolvant la craie dans l'eau, minéralisant les eaux acidules, la baryte, la chaux, le cuivre, le fer, le plomb dans les carrières & les mines, formant les carbonates avec les terres, les alcalis & les oxides métalliques.

F. L'acide phosphorique, composé de phosphore & d'oxigène unis par combustion rapide & complette, liquide, épais ou solide, vitrifiable par le feu, dissolvant la silice dans sa vitrification, décomposable par le carbone qui le rappelle à l'état de phosphore, & formant des phosphates avec les terres, les alcalis & les oxides métalliques.

G. L'acide phosphoreux ne diffère du phosphorique que par moins d'oxigène, volatil, odorant, enlevant l'oxigène à beaucoup de corps, formant des phosphites avec les bases terreuses, alcalines & métalliques.

H. L'acide arsénique formé du métal arsénic & d'oxigène (la combustion ne réduit l'arsénic qu'en oxide; l'acide nitrique ou l'acide muriatique oxigené ajoute à cet oxide la quantité d'oxigène nécesfaire pour qu'il devienne acide arsénique ;) fixe, fusible en verre, décomposable par une grande quantité de lumière & de calorique, ainsi que par beaucoup de corps combustibles, formant des arséniates avec les terres, les alcalis, & les oxides métalliques. L'oxide d'arsénic s'unissant aussi avec les bases, peut être regardé comme une espèce d'acide arsénieux.

I. L'acide tunstique, composé du métal tungstène & d'oxigène, en poudre blanche ou jaunâtre, fixe, infusible, peu dissoluble, réductible en tungstène par *l'hydrogène*, le carbone &c. formant le tunstate de chaux natif nommé *pierre pesante*, & le tunstate de fer natif ou le *volfram* des minéralogistes.

K. L'acide molybdique, composé du métal molybdène, d'une saveur âpre & métallique comme les deux précédens, en poudre blanche, devenant bleu par le contact des corps qui le réduisent, & repassant par la perte de l'oxigène à l'état de molybdène.

Acides de la IIe classe à radicaux inconnus.

XIX. Les acides à radicaux inconnus, & soupçonnés simples sont au nombre de trois ; savoir, l'acide muriatique, l'acide fluorique, & l'acide boracique.

A. L'acide muriatique, gazeux ou fluide, d'une odeur piquante, inaltérable par tous les corps combustibles connus, enlevant au contraire l'oxigène à beaucoup de corps brûlés, & sur-tout aux oxides métalliques, devenant alors *acide muriatique oxigené*; celui-ci est remarquable par sa couleur jaune verdâtre, son action épaississante & resserrante sur les organes des animaux, sa propriété de décolorer les substances végétales, de brûler & d'enflammer la plupart des corps combustibles, & celle de former avec la potasse un sel qui met rapidement le feu aux matières inflammables chauffées & qui donne l'air vital le plus pur connu.

B. L'acide fluorique, gazeux, formant dans l'air une vapeur blanche très-épaisse, rongeant le verre, dissolvant la terre silicée, formant avec cette terre un gaz permanent, dont l'eau sépare une partie de la silice.

C. L'acide boracique, sec, cristallisé en lames hexaedres, fusible en verre, peu sapide, peu dissoluble, fondant avec la silice, ayant des affinités très-foibles, & cédant les bases terreuses & alcalines à presque tous les autres acides.

Acides de la IIIe classe à radicaux binaires.

XX. Les acides à radicaux mixtes ou composés binaires, appartiennent spécialement aux végétaux, & sont formés par l'union de l'hydrogène carboné ou du carbone hydrogené avec l'oxigène en différentes proportions, ce qui explique comme il a été dit plus haut, leur conversion réciproque les uns dans les autres. Ces acides étant assez nombreux, & pouvant encore le devenir davantage par les découvertes de tous les jours, je les ai divisés en cinq genres, par rapport à leur nature & à leur formation. Le premier genre renferme les acides purs formés dans les végétaux, en y comprenant l'acide succinique qui a une origine manifestement végétale : il y a cinq espèces dans ce genre, savoir l'acide succinique, l'acide citrique, l'acide gallique, l'acide malique & l'acide benzoïque. Le second genre comprend les acides végétaux tout formés, mais en partie saturés de potasse ; on les nomme acidules : il y en a deux espèces, l'acidule tartareux, l'acidule oxalique. Dans le troisième genre, je range les acides particuliers formés par l'action de l'acide nitrique, & par la précipitation de son oxigène sur les substances végétales ; il n'y a encore que l'acide camphorique de distinct dans ce genre. Dans le quatrième je place les acides que l'on forme dans les végétaux traités par le feu ; tels sont les acides pyromuqueux, pyroligneux & pyrotartareux. Le cinquième genre renferme les acides végétaux qui sont produits par la fermentation ; on ne connoît encore que l'acide acéteux dans ce genre. Voici les caractères spécifiques de ces 12 acides.

A. L'acide succinique, dégagé & sublimé du succin chauffé, d'une odeur bitumineuse forte, huileux & inflammable, volatil, cristallisable en aiguilles, formant des sels cristallisables permanens, surtout avec les oxides métalliques, & adhérant plus aux trois terres alcalines qu'aux alcalis.

B. L'acide citrique, cristallisable en lames rhomboïdales, non convertible en acide oxalique par l'acide nitrique, ayant plus d'affinité avec les terres qu'avec les alcalis, décompoſable ſpontanément dans l'eau & par le feu.

C. L'acide gallique, abondant dans la noix de Galles, criſtalliſé en petites aiguilles griſes ou jaunâtres, ſtyptiques, précipitant en noir les diſſolutions de fer, & réduiſant les oxides métalliques unis aux autres acides, convertible en acide oxalique par l'acide nitrique.

D. L'acide malique, abondant dans les pommes, non criſtalliſable, convertible en acide oxalique par l'acide nitrique, ſe formant en même-temps que l'acide oxalique & même avant lui, dans les végétaux traités par l'acide nitrique.

E. L'acide benzoïque, retiré du benjoin, des ſtorax, du baume du Pérou, de la vanille, par la chaleur, criſtalliſable en primes comprimés, d'une odeur aromatique lorſqu'on le chauffe, fuſible à un feu doux, volatil, inflammable, peu ſoluble dans l'eau, diſſoluble & non décompoſable par l'acide nitrique.

F. L'acidule tartareux, formé d'acide tartareux, en partie ſaturé de potaſſe, exiſtant dans les vins, criſtalliſable, décompoſable par le feu, donnant beaucoup d'acide carbonique & d'huile, & laiſſant beaucoup de carbonate de potaſſe; fourniſſant auſſi à la diſtillation de l'acide pyrotartareux, peu diſſoluble, décompoſable dans l'eau, formant des ſels triples avec les alcalis & les oxides métalliques, devenant très-diſſoluble par l'addition du borax & de l'acide boracique ; l'acide tartareux retiré de l'acidule criſtalliſable en aiguilles entrelacées, inaltérable à l'air, très-diſſoluble, reformant de l'acidule par l'addition d'un peu de potaſſe, décompoſant les ſulfates, nitrates & muriates de potaſſe & de ſoude juſqu'à ſa formation en acidule, convertible en acide oxalique par l'acide nitrique.

G. L'acidule oxalique, formé d'acide oxalique en partie ſaturé de potaſſe, extrait de ſuc d'oſeille, criſtalliſé en parallélipipèdes, peu décompoſable par le feu, ne donnant pas d'huile, peu ſoluble, formant des triſules avec les terres & les alcalis; l'acide oxalique qu'on en extrait, très-diſſoluble, très-criſtalliſable, enlevant la chaux à tous les autres acides, parfaitement ſemblable à celui qui eſt formé par l'acide nitrique mis en contact avec toutes les matières végétales ; inaltérable par l'acide nitrique, le moins décompoſable & le plus oxigené des acides végétaux.

H. L'acide camphorique, formé par l'action de l'acide nitrique diſtillé ſur le camphre, criſtalliſable en parallélipipèdes, formant des ſels bien criſtalliſables avec les terres & les alcalis, n'enlevant pas la chaux à tous les autres acides, comme le fait l'acide oxalique ; très-peu connu.

I. L'acide pyrotartareux, modification de l'acide tartareux faite par le feu, d'une odeur & d'une couleur de brûlé, très-raréfiable & ſe bourſoufflant beaucoup par le calorique, non criſtalliſable, formant avec les bases terreuses & alcalines des sels différens de ceux que donne l'acide tartareux; peu connu.

K. L'acide pyromuqueux, formé par la distillation des gommes, du sucre, des fécules, d'une odeur vive, agréable, de caramel, volatil, tachant la peau en rouge, décomposable par un grand feu; peu connu.

L. L'acide pyroligneux, tiré des bois par distillation, d'une odeur piquante, fétide, non cristallisable, décomposable par un grand feu, volatil, formant des sels particuliers avec les terres, les alcalis & les oxides métalliques, ayant des attractions particulières pour ces bases, du reste aussi peu connu que les deux précédens.

M. L'acide acéteux formé par la fermentation du vin, nommé à cause de cela vinaigre, d'une saveur & d'une odeur agréables, volatil & liquide, décomposable par un grand feu, susceptible de se surcharger d'oxigène quand on le distille avec des oxides métalliques, & devenant par-là de l'acide acétique ou vinaigre radical, beaucoup plus acide, plus âcre, plus odorant que l'acide acéteux, inflammable & mêlé d'alcool.

Acides de la IVe classe à radicaux ternaires.

XXI. Les acides à radicaux composés ternaires, & qui ont été indiqués comme formés en général de carbone, d'hydrogène & d'azote unis à l'oxigène, appartiennent plus en particulier aux substances animales; on les connoît moins encore que les précédens: mais en rappellant ici qu'ils fourniſſent tous de l'ammoniaque par leur décompoſition au feu, & de l'acide pruſſique par un changement de proportion dans leurs principes, je ferai obſerver que l'acide pruſſique ſemble être à ce genre d'acides en général ce qu'eſt l'acide oxalique aux acides végétaux, & j'ajouterai qu'en convertiſſant les ſubſtances animales en acide oxalique par l'action de l'acide nitrique, il ſe forme conſtamment par la même action de l'acide pruſſique qui ſe dégage en vapeurs.

Il y a 7 acides animaux connus, qui paroiſſent appartenir tous à ce genre de compoſés; ſavoir l'acide lactique, l'acide ſaccholactique, l'acide ſébacique, l'acide lithique, l'acide formique, l'acide bombique & l'acide pruſſique. Cherchons dans chacun quelques propriétés qui les caractériſent.

A. L'acide lactique, formé avec un peu d'acide acéteux, dans le lait aigri ſpontanément, non criſtalliſable, ſoluble dans l'alcool, donnant à la diſtillation un acide analogue à l'acide pyrotartareux, formant des ſels déliqueſcens avec les baſes terreuſes & alcalines, décompoſant les acétites alcalins.

B. L'acide ſaccholactique, ſe précipitant en poudre blanche de l'acide oxalique formé par le ſucre de lait & l'acide nitrique, peu ſapide, preſque point ſoluble, décompoſable par le feu, & donnant alors un ſel ſublimé de l'odeur du benjoin, formant des ſels criſtalliſables avec les alcalis; très-peu connu.

C.

C. L'acide sébacique, retiré de la graisse par l'action du feu, séparé aussi de la graisse par les alcalis & la chaux à l'aide d'une chaleur forte, liquide, blanc, fumant, très-âcre dans son odeur & sa saveur, formant des sels cristallisables & fixes avec la terre & les alcalis, décomposant le muriate de mercure, décomposable par une forte chaleur.

D. L'acide lithique, existant dans l'urine humaine, formant la pierre de la vessie, sec, cristallisé en aiguilles plates, presque insipide & indissoluble, en partie volatil, décomposable à une forte chaleur, donnant du carbonate ammoniacal & de l'acide prussique par le feu, formant une dissolution d'un beau rouge avec l'acide nitrique, dissoluble dans les alcalis caustiques, se précipitant de l'urine des fiévreux avec une couleur gris de lin ou rougeâtre.

E. L'acide formique, tiré des fourmis par la distillation ou l'expression avec de l'eau, rougissant les fleurs bleues dans les insectes vivans, s'en dégageant en une vapeur odorante très-forte, analogue par l'odeur au musc, tuant les animaux sous cette forme de gaz, pouvant servir aux usages économiques comme le vinaigre, décomposable par un grand feu, enlevant l'oxigène à l'acide muriatique oxigené, souvent plus fort que l'acide sulfurique, formant avec les alcalis & les terres des sels cristallisables & non déliquescens.

F. L'acide bombique, contenu dans un réservoir placé près de l'anus de la chrysalide du verre à soie, extrait de ce réservoir, soit par l'expression, soit par l'alcool, mêlé d'une huile brune & d'une gomme dans le ver, liquide, d'une couleur jaune ambrée, décomposable spontanément, donnant de l'acide prussique par la distillation & l'acide nitrique; inconnu dans ses combinaisons.

G. L'acide prussique, saturant le fer & le colorant dans le bleu de Prusse, obtenu aujourd'hui par la distillation du sang, par l'action de l'acide nitrique sur l'albumine, le gluten, les fibres animales, &c. & se dégageant à mesure qu'il se forme de l'acide oxalique, remarquable par une odeur fétide & vireuse analogue à celle des amandes amères, très-décomposable par un grand feu & donnant alors de l'ammoniaque, susceptible de prendre la forme de gaz, enlevant les oxides métalliques à un grand nombre d'autres acides, pouvant être formé de toutes pièces par l'union de l'hydrogène, du carbone, de l'azote & de l'oxigène, peu acide dans sa saveur, contenant à ce qu'il paroît très-peu d'oxigène.

XXII. Il résulte de tout ce qui a été établi dans les numéros précédens, que tous les acides divisés en deux classes, par l'état simple ou composé de leurs radicaux, diffèrent sur-tout entre eux parce que les premiers ne peuvent pas être convertis les uns dans les autres, attendu qu'il y a fort loin des propriétés d'un radical simple, du soufre par exemple, à celles d'un autre, tel que le phosphore, & qu'il faudroit commencer par convertir réciproquement leurs radicaux, ce qui est bien loin d'être au pouvoir de l'art ; les seconds acides au contraire formés en général d'une base composée d'hydrogène, de carbone & d'azote, unie à l'oxigène, paroissent ne différer les uns des autres que par les proportions diverses des deux ou trois principes qui entrent dans la composition de leur radical, & par celle de l'oxigène qui lui est uni, tendent à éprouver sans cesse des variations dans leur composition, les éprouvent sur-tout par des changemens de température, d'humidité, &c., & passent spontanément à différens états ; c'est ainsi que par les seuls efforts de la végétation, les plantes contiennent des acides divers à différentes epoques. C'est ainsi que les dissolutions des acides végétaux dans l'eau s'altèrent, changent de nature, & finissent par donner toutes une quantité quelconque d'acide carbonique & d'eau, en se réduisant à leur dernier terme de décomposition.

XXIII. En saisissant bien ces vérités, il est facile de sentir qu'il reste encore non-seulement à découvrir la nature de plusieurs acides dont on ignore la composition, mais encore un nombre peut-être assez considérable de nouveaux acides dans les plantes & dans les animaux. Car parmi les produits de ces êtres organisés dont on a commencé à rechercher les principes, on est bien loin d'avoir épuisé toutes les combinaisons possibles, que le plus léger calcul fait appercevoir, entre le carbone, l'hydrogène, l'azote & l'oxigène. C'est à cet ordre de recherches & de découvertes qu'on doit rapporter l'examen des acides indiqués dans le liège, dans les pois-chiches, & dans beaucoup d'autres matières végétales, ainsi que celui de l'acide du caillot de sang, *acide cruorique*, de l'acide du suc gastrique, &c. On reconnoîtra aussi par les articles du titre suivant, que la plupart des métaux brûlés paroissent rentrer dans la classe des acides, & se comporter comme ces sels dans un grand nombre de combinaisons, de sorte que les corps acides semblent être les plus nombreux & jouer le plus grand rôle dans les altérations chimiques qu'éprouvent sans cesse les corps simples & composés.

Application des axiomes sur les acides.

La formation artificielle de l'acide sulfurique, par la combustion du soufre en grand.

La décoloration des linges & étoffes blanches, par l'acide sulfureux.

Les arts nouveaux de blanchiment, par l'acide muriatique oxigené.

La théorie de l'*eau régale*.

L'art de graver sur le verre avec l'acide fluorique.

Une portion de la théorie de la formation des nitrières artificielles.

L'existence & la formation des acides naturels connus.

L'influence des acides dans la minéralisation.

L'extraction & la purification des acides & acidules végétaux.

La formation & la destruction spontanée des acides végétaux.

Leur conversion réciproque les uns dans les autres.

TITRE HUITIÈME.

DE L'UNION DES ACIDES AVEC LES TERRES ET LES ALCALIS.

I. Tous les acides s'unissent sans décomposition avec les terres alcalines & les alcalis ; ces combinaisons ont été nommées *sels neutres*, *sels moyens*, *sels composés*, *sels secondaires* ; elles ne méritent les deux premiers noms que lorsqu'elles ne sont ni acides ni alcalines ; les seconds sont plus exacts & plus utiles. L'art fait facilement tous ces sels ; la nature en présente un assez grand nombre, sur-tout ceux qui sont formés par les acides à radicaux simples. La minéralogie gagne tous les jours dans ce genre de connoissance par l'analyse des minéraux qui seule peut en faire connoître la nature intime.

II. Tous les sels composés doivent porter deux noms ; le premier indique l'acide, le second la base terreuse ou alcaline. La terminaison des premiers noms des sels est double & annonce l'état de l'acide ; les mots terminés en *ate* appartiennent aux acides saturés d'oxigène qu'on désigne par une terminaison en *ique*; ainsi les *nitrates* sont formés par l'acide *nitrique*. Les mots terminés en *ite* désignent les acides foibles & non saturés d'oxigène dénommés comme on fait en *eux* ; ainsi les *nitrites* sont composés d'acide *nitreux*.

III. Comme il y a 34 espèces d'acides connus,

& 7 bases terreuses & alcalines qui peuvent être unies pour former des sels composés, on pourroit élever le nombre de ces sels à 238 espèces; mais ce calcul ne seroit rien moins qu'exact. 1°. Parce qu'il n'y a que quelques acides qui peuvent s'unir à la silice; 2°. parce qu'il y en a d'autres qui ne peuvent pas s'unir à quelques bases terreuses en raison de leur foiblesse, ou à l'ammoniaque sans le décomposer; 3°. parce qu'il y a plusieurs acides qui peuvent être unis aux mêmes bases de trois manières, ou s'arrêter à trois états de saturation avec ces bases, savoir avec excès d'acide dans l'état neutre, & avec excès de bases. On ne peut pas non plus fixer exactement le nombre des sels neutres terreux & alcalins, parce qu'on est fort éloigné d'avoir assez examiné toutes ces combinaisons pour les bien connoître, & pour déterminer si elles ne sont pas susceptibles de plusieurs saturations, &c.

IV. Tous les acides ayant pour chaque base terreuse ou alcaline des attractions électives ou des affinités différentes, il faudroit bien connoître toutes ces affinités respectives pour avoir une histoire complete des sels composés; comme on n'a encore determiné d'une manière exacte qu'une très-petite partie de ces affinités, on est bien éloigné de posséder l'ensemble des faits qui doivent appartenir à cet ordre de corps: on n'a point encore convenablement examiné le dixième de ces combinaisons.

V. Pour commencer avec méthode l'histoire des sels composés, il faut les diviser en genres &

en ſortes, & établir leurs caractères génériques & ſpécifiques ; on ne peut offrir qu'une légère ébauche de ce travail qui n'a point encore occupé les chimiſtes, quoiqu'il ſoit eſſentiel d'appliquer aujourd'hui la méthode des botaniſtes à l'énoncé des propriétés chimiques.

On trouve deux méthodes de diviſions pour les ſels compoſés ; l'une eſt fondée ſur les acides & l'autre ſur les baſes ; on ne peut encore établir de genres qui comprennent l'enſemble de tous ces ſels que d'après les acides, parce qu'il n'y a qu'eux qui puiſſent fournir des caractères génériques ; l'influence des baſes ſur les propriétés de ces compoſés n'eſt point aſſez connue, pour qu'il ſoit poſſible de conſidérer ces baſes alcalines & terreuſes comme chefs de diviſions génériques.

VI. On peut donc compter 34 genres de ſels compoſés d'après le nombre des acides ; leurs noms génériques étant tirés de leurs acides, on a pour ces 34 genres les dénominations ſuivantes.

I. genre, les SULFATES.

II. genre, les SULFITES.

III. genre, les NITRATES.

IV. genre, les NITRITES.

V. genre, les CARBONATES.

VI. genre, les PHOSPHATES.

VII. genre, les PHOSPHITES.

VIII. genre, les ARSÉNIATES.

IX. genre, les TUNSTATES.

X. genre, les MOLYBDATES.

XI. genre, les MURIATES.

XII. genre, les MURIATES OXIGENÉS.

XIII. genre, les FLUATES.

XIV. genre, les BORATES.

XV. genre, les SUCCINATES.

XVI. genre, les CITRATES.

XVII. genre, les GALLATES.

XVIII. genre, les MALATES.

XIX. genre, les BENZOATES.

XX. genre, les TARTRITES.

XXI. genre, les OXALATES.

XXII. genre, les CAMPHORATES.

XXIII. genre, les PYROMUCITES.

XXIV. genre, les PYROLIGNITES.

XXV. genre, les PYROTARTRITES.

XXVI. genre, les ACÉTATES.

XXVII. genre, les ACÉTITES.

XXVIII, genre, les LACTATES.

XXIX. genre, les SACCHOLATES.

XXX. genre, les SÉBATES.

XXXI. genre, les LITHIATES.

XXXII. genre, les FORMIATES.

XXXIII. genre, les BOMBIATES.

XXXIV. genre, les PRUSSIATES.

VII. Chacun des 34 genres de sels composés dont on vient de présenter le dénombrement doit être considéré par rapport à ses caractères distinctifs, ou aux propriétés qui peuvent le faire distinguer de tous les autres & donner une idée nette des différences de tous ces genres. Il faut pour cela choisir parmi les propriétés qu'ils présentent une seule s'il est possible, ou au plus deux ou trois propriétés qui soient bien tranchées & qui constituent un caractère essentiel à chaque genre. On va essayer d'esquisser ici ce travail.

I. genre, SULFATES; décomposables par le charbon, &c. en sulfures.

II. genre, SULFITES; donnent par le contact de presque tous les acides, l'odeur du soufre qui brûle avec une effervescence.

III. genre, NITRATES: allumant les corps combustibles à diverses températures, & se réduisant presque tous à leur base par l'action du feu.

IV. genre, NITRITES ; décompoſables par les acides foibles qui en ſéparent la vapeur rouge nitreuſe.

V. genre, CARBONATES ; laiſſant plus ou moins saillants les caractères de leurs baſes ; faiſant avec tous les acides une effervescence vive & ſenſible juſqu'au dégagement total de leur acide carbonique.

VI. genre, PHOSPHATES ; décompoſables médiatement ou immédiatement par le charbon qui en ſépare le phoſphore.

VII. genre, PHOSPHITES ; décompoſables tous immédiatement par le charbon qui en ſépare le phoſphore, & donnant des vapeurs par le contact de l'acide ſulfurique, &c.

VIII. genre, ARSÉNIATES ; donnant par un grand feu l'odeur & la vapeur blanche d'arſénic.

IX. genre, TUNSTATES ; devenant jaunes par les acides nitrique ou muriatique.

X. genre, MOLYBDATES ; on ne les reconnoît encore que lorſqu'on en a ſéparé l'acice molybdique par d'autres acides.

XI. genre, MURIATES ; donnant de l'acide muriatique par l'acide ſulfurique concentré, & de l'acide muriatique oxigené par l'acide nitrique.

XII. genre, MURIATES OXIGENÉS ; allumant

tous les corps combustibles à une température plus basse que ne le font les nitrates, avec une flamme plus vive; & restant dans l'état de muriates après cette combustion.

XIII. genre, Fluates; donnant une vapeur qui ronge le verre, par le contact de l'acide sulfurique concentré.

XIV. genre, Borates; fusibles avec ou sans séparation de leurs bases, donnant de leur dissolution unie à un autre acide, l'acide boracique en cristaux feuilletés.

XV. genre, Succinates; on ne peut les reconnoître & les caractériser qu'en les décomposant & en observant leur acide; la plupart conservent l'odeur du succin brûlé.

XVI. genre, Citrates; pas assez connus pour qu'on y trouve des caractères génériques; il faut pour les distinguer en séparer l'acide citrique par les acides minéraux les plus forts.

XVII. genre, Gallates; ils sont tous très-caractérisés par leur propriété de précipiter les dissolutions de fer en noir, & de réduire en partie les oxides d'argent, d'or & de mercure en les séparant de leuts dissolutions.

XVIII. genre, Malates; presque tous déliquescens; on ne peut les reconnoître qu'en obtenant leur acide à part à l'aide des acides minéraux.

XIX. genre, BENZOATES ; on en détermine le genre en reconnoiſſant à ſon odeur l'acide benzoïque qu'on en ſépare par des acides plus puiſſans.

XX. genre, TARTRITES ; on trouve des caractères aſſez tranchés, pour diſtinguer ces ſels, dans leur tendance à former des ſels triples, & des acidules moins ſolubles que ne le ſont & l'acide pur & les ſels neutres que cet acide tartareux forme avec les baſes.

XXI. genre, OXALATES ; leur tendance à former des acidules peu diſſolubles & la propriété qu'ils ont de décompoſer tous les ſels calcaires, peuvent les caractériſer.

XXII. genre, CAMPHORATES ; on les connoît trop peu pour pouvoir leur aſſigner des caractères génériques ; c'eſt à la préſence & aux propriétés de l'acide camphorique obtenu à part qu'on pourra les diſtinguer.

XXIII genre, PYROMUCITES ; dans le même cas que les camphorates.

XXIV. genre, PYROLIGNITES ; comme les pyromucites.

XXV. genre, PYROTARTRITES ; comme les trois genres précédens.

XXVI. genre, ACÉATES ; encore trop peu diſtingués des acétites, donnant dans leur décomposition par les acides minéraux, une vapeur blanche très-forte & très-piquante.

XXVII. genre, ACÉTITES ; tous reconnoissables par leur acide dégagé à l'aide d'acides plus piquans.

XXVIII. genre, LACTATES ; très-peu connus ; leur acide séparé par d'autres peut seul les caractériser.

XXIX. genre, SACCHO-LATES ; comme les lactates ; inconnus.

XXX. genre, SEBATES ; donnant la vapeur blanche & l'odeur âcre de l'acide sébacique, par le contact des acides minéraux les plus forts.

XXXI. genre, LITHIATES ; les plus foibles de tous les sels dans leurs attractions ; décomposables même par l'acide carbonique.

XXXII. genre, FORMIATES ; très-peu connus, & seulement reconnoissables par leur acide.

XXXIII. genre, BOMBIATES ; comme les formiates.

XXXIV. genre, PRUSSIATES ; très-bien caractérisés par leur propriété de former avec les dissolutions de fer du bleu de Prusse.

VIII. Pour déterminer les caractères spécifiques des 240 espèces à peu-près que contiennent ces

34 genres, il faudroit en faire une étude approfondie, & la science est encore fort peu avancée à cet égard. Au défaut des connoissances, il est essentiel de déterminer au moins la marche qu'on doit suivre pour compléter l'histoire de ces composés, & de fixer exactement la méthode d'en étudier les propriétés.

Chaque sel composé terreux ou alcalin présente à l'observateur,

1°. La forme, & les variétés de cette forme, elle doit être décrite géométriquement ; on doit indiquer l'inclinaison & les degrés des angles, la formation primitive des cristaux, la forme intérieure, leur dissection & les loix de décroissement qui en déterminent les variétés.

2°. Son existence dans la nature ou dans l'art ; la comparaison du sel naturel & du sel artificiel.

3°. La saveur.

4°. L'action du feu, ou nulle, ou fondant, vitrifiant, sublimant, décomposant, &c.

5°. Celle de la lumière.

6°. L'influence de l'air, nulle, donnant ou enlevant l'eau des cristaux.

7°. L'union avec l'eau, la quantité nécessaire à la dissolution, à diverses températures, le froid ou la chaleur produite, la cristallisation opérée par le réfroidissement ou l'évaporation.

8°. L'attraction des terres qui modifie ou décompose, ou ne change point ce sel, ou s'y unit en trisule.

9°. L'effet des alcalis sur lui nul, décomposant, quelquefois s'unissant en sel triple.

10°. L'action comparée des acides différens de

celui qu'il contient, décompoſant, dénaturant le ſel, ou n'y produiſant aucun changement.

11°. L'influence des autres ſels neutres ſur lui, ſe réduiſant ou à une action nulle, ou à une union entière qui tend à former un ſel triple, ou à une double décompoſition qui échange les baſes & les acides, ou à une précipitation en raiſon de leur attraction pour l'eau.

12°. La diſſolubilité ou la non diſſolubilité du ſel dans l'alcool.

13°. Son altération ou ſon inaltérabilité par le charbon qui en décompoſe l'acide, ou le laiſſe intact.

14°. L'influence de la végétation, & de la fermentation ſur ce ſel.

15°. Enfin ſon action ſur l'économie animale.

IX. Si toutes ces queſtions avoient une réponſe exacte dans l'état actuel de la chimie, l'hiſtoire des ſels compoſés terreux & alcalins, non ſeulement ſeroit complete, mais jetteroit une vive lumière ſur beaucoup de phénomènes de la nature & de l'art qui ſont encore plongés dans une grande obſcurité.

X. On connoît déjà quelques combinaiſons ſalines d'un acide avec deux baſes, ſur-tout la magnéſie & l'ammoniaque; ces compoſés portent le nom de *triſules* ou de ſels triples; mais il en exiſte un bien plus grand nombre qu'on ne ſoupçonne même pas aſſez, & qui appellent toute l'attention des chimiſtes. La terre récèle également à ſa ſurface & dans ſes cavités ſuperficielles, des composés salins qui diffèrent de ceux que produit l'art par l'existence simultanée de deux bases ou même de deux acides : on a trouvé déjà le borate de chaux & le borate de magnésie cristallisés ensemble dans le *quartz cubique*, le phosphate de chaux & le fluate de chaux dans la terre de Marmaroch, la pierre de l'Estramadure, &c.

Applications des propositions de ce titre.

La connoissance des sels naturels.

La cristallisation, la purification des sels utiles.

Les phénomènes des dissolutions.

Les précipitations & la préparation de l'alumine, de la magnésie, &c.

L'attraction de la chaux, de la potasse, de la soude, de l'ammoniaque, pour les acides.

La formation des sels neutres dans la nature.

Tous les détails de la halotechnie.

La préparation des acides nitrique, muriatique, boracique, &c.

TITRE NEUVIÈME.

OXIDATION ET DISSOLUTIONS DES MÉTAUX.

I. Les métaux ont été déjà considérés comme des corps combustibles indécomposés ou simples, & caractérisés par leurs propriétés saillantes, dans le titre sixième. Mais ces généralités ne suffisent point, le rôle important que ces matières jouent dans les phénomènes de la nature, & dans les procédés

cédés des arts, exige qu'on les examine en particulier & avec un détail ſuffiſant pour en bien apprécier toute l'influence.

II. Quoique les métaux ſoient ſuſceptibles de s'unir dans leur état métallique, ſoit entre eux, ſoit au ſoufre, au phoſphore, au carbone, & en général à toutes les matières combuſtibles, il eſt bien plus ordinaire de les voir combinés à l'oxigène avant de s'unir à d'autres ſubſtances; ou en d'autres termes, pour entrer dans le plus grand nombre des compoſés dont ils font partie, il faut qu'ils s'uniſſent auparavant à l'oxigène, ou qu'ils paſſent à l'état de corps brûlés. Auſſi tous les phénomènes ſinguliers que préſentent les métaux dans leurs combinaiſons, tous les changemens de forme qu'ils éprouvent ſont-ils dus à leur attraction pour l'oxigène & à la proportion diverſe dans laquelle ils contiennent ce principe.

III. Quoiqu'il y ait beaucoup de circonſtances dans leſquelles les métaux peuvent être unis à l'oxigène, on peut les réduire en général à trois. La première eſt le contact de l'air aidé du calorique; la ſeconde eſt due à la décompoſition de l'eau, & la troiſième à celle des acides. C'eſt ſous ce triple point de vue qu'il faut conſidérer ici l'oxidation & les diſſolutions des métaux.

IV. Tous les métaux chauffés dans l'air & élevés à une température plus ou moins haute, ſoit avant, ſoit après leur fuſion, ſont ſuſceptibles de brûler avec une flamme vive, une grande chaleur & une véritable déflagration ; ils abſorbent donc l'oxigène plus ou moins ſolide ; ceux qui s'oxident lentement & ſans inflammation ſenſible, dégagent cependant auſſi de la lumière & du calorique de l'air vital, mais en ſi petite quantité à la fois, que ces matières ne ſont pas ſenſibles à nos organes.

V. L'élévation de température favoriſe l'abſorption de l'oxigène atmoſphérique par les métaux, & rend plus ſolide la combinaiſon de ce principe avec ces corps combuſtibles.

VI. Tandis qu'il y a des métaux qui ne brûlent jamais dans l'air qu'à une très-haute élévation de température, comme l'or, l'argent & le platine, il en eſt d'autres qui brûlent à toutes les températures, & même à la plus baſſe & avec une grande promptitude, comme le manganèſe, qui s'oxide & tombe en pouſſière en quelques heures par le contact de l'air, même à pluſieurs degrés au-deſſous de o. Quelques-uns, comme le fer, le cuivre, le plomb, &c., brûlent lentement & en quelques mois à l'air, même froid.

VII. Tous les métaux augmentent de poids dans cette opération, qui n'a pas lieu ſans le contact de l'air, & abſorbent ainſi un principe, l'oxigène atmoſphérique, ſans en perdre aucun. Le nom de *calcination* qu'on avoit donné à ce phénomène ne peut pas être conſervé non plus que celui de *chaux métalliques* ; on y a ſubſtitué les mots *combuſtion* & *oxidation* pour l'opération, & celui d'*oxides* métalliques pour les métaux ainſi brûlés.

VIII. Les couleurs que les métaux présentent en brûlant ou dont leur flamme est nuancée, paroissent tenir à la dissolution des molécules métalliques dans la lumière qui se dégage ; ainsi le cuivre fait une flamme verte, &c.

IX. Non-seulement tous les métaux comparés les uns aux autres dans leur combustion par le contact de l'air, absorbent des quantités différentes d'oxigène pour se saturer, mais encore chaque métal considéré en particulier en absorbe des proportions diverses, s'arrête à différents points d'oxidation, suivant les divers degrés de température auxquels on l'élève. Ainsi l'étain, le plomb, le cuivre, le fer, changent d'abord de couleur, & se nuancent des teintes de l'iris aux premiers degrés de feu qu'on leur fait subir avec le contact de l'air ; le plomb est d'abord en oxide gris, puis en oxide jaune, enfin en oxide rouge ; le mercure passe du noir au blanc, du blanc au jaune, & du jaune au rouge ; le fer d'abord en oxide noir devient ensuite oxide vert, puis oxide blanc, & à la fin oxide brun ; le cuivre est d'abord en oxide brun, de-là il passe au bleu, & son dernier degré d'oxidation le colore en vert.

X. Les métaux diffèrent tous entre eux par leur attraction pour l'oxigène ; il en est auxquels la lumière presque seule ou aidée d'une foible portion de calorique enlève l'oxigène, comme l'or, l'argent, &c. ; d'autres exigent pour s'en séparer un grand degré de feu & beaucoup de lumière, comme le mercure ; enfin la plupart ne se laiſſent point enlever ce principe par le calorique & la lumière. Pour décompoſer ces derniers oxides, on les chauffe avec du charbon qui leur enlève l'oxigène.

XI. C'eſt auſſi en raiſon de cette diverſité d'attraction pour l'oxigène que quelques métaux l'enlèvent à d'autres, comme preſque tous le font à l'or & à l'argent, le cuivre au mercure, le fer au cuivre, &c. Toutes ces attractions ne ſont point encore bien connues ; ce qu'on ſait juſqu'ici annonce l'ordre ſuivant entre eux, en commençant par la plus forte attraction pour l'oxigène, le manganèſe, le zinc, le fer, l'étain, le cuivre, le mercure, l'argent, l'or.

XII. Pluſieurs métaux décompoſent l'eau & d'autant plus ſenſiblement ou rapidement que leur température eſt plus élevée, parce qu'alors la grande quantité de calorique employé, attire & diſſout plus fortement l'hydrogène. Ainſi le fer décompoſe l'eau avec une grande activité lorſqu'il eſt rouge blanc, tandis qu'il ne produit cette décompoſition qu'en beaucoup de temps à la température la plus élevée de l'atmoſphère.

XIII. Le fer, le zinc, l'étain l'antimoine, paroiſſent ſuſceptibles de décompoſer l'eau ; il eſt vraiſemblable que le manganèſe, & même quelques autres ſubſtances métalliques en ſont également ſuſceptibles. On attribue cette décompoſition à une attraction plus forte pour l'oxigène que celui-ci n'en a pour l'hydrogène, il s'enſuit que les oxides de ceux qui ne décompoſent point l'eau ſont entièrement décompoſés par l'hydrogène. Mais il faut diſtinguer ici les différens degrés d'oxidation ; car l'oxide de fer très-oxidé ou oxidé en brun, eſt en partie décompoſé par l'hydrogène & ramené à l'état d'oxide noir, parce que le fer n'enlève l'oxigène à l'eau que juſqu'au degré où il eſt oxidé en noir ; au-delà de cette oxidation il ne la décompoſe plus.

XIV. Tous les métaux ſuſceptibles de décompoſer l'eau, opèrent cette décompoſition bien plus facilement & rapidement, lorſqu'ils ſont aidés par le contact d'un corps qui a une grande tendance pour s'unir à leurs oxi es. Souvent même les métaux, comme d'autres combuſtibles, qui ſeuls ne décompoſeroient point l'eau, en deviennent ſuſceptibles par la préſence de quelques autres ſubſtances qui agiſſent alors par une affinité diſpoſante ; c'eſt ainſi que la préſence des acides rend preſque tous les métaux capables d'opérer la décompoſition de l'eau.

XV. Les oxides métalliques ont cela de particulier dans leurs combinaiſons, qu'ils ſemblent faire fonction d'alcalis ou de baſes terreuſes & alcalines à l'égard des acides, quoiqu'ils ſoient ſuſceptibles de s'unir d'un autre côté aux terres & aux alcalis, comme des eſpèces d'acides. A la vérité, il y a moins de ces derniers que des autres, & on remarque en général que ce ſont ceux auxquels l'oxigène adhère le plus fortement, comme l'antimoine, le plomb, le fer, le manganèſe, qui saturent les alcalis à la manière des acides. On a déjà dit, au titre VI, qu'il y a trois métaux véritablement acidifiables.

XVI. Des métaux ne peuvent pas être dissous par les acides, sans être préliminairement oxidés; c'est pour cela que les oxiques métalliques dissolubles dans les acides s'y dissolvent lentement & sans effervescence; tandis que les métaux ne peuvent pas s'y dissoudre sans mouvement & sans effervescence.

XVII. L'effervescence produite par la dissolution des métaux est due à ce qu'en absorbant l'oxigène ils l'enlèvent à un principe qui prend la forme d'un gaz, ou fluide élastique. Ce principe provient ou de l'eau ou des acides, suivant que l'une ou les autres sont décomposés; quelquefois il appartient en même temps à ces deux corps qui sont alors décomposés tous deux à la fois par les métaux.

XVIII. L'acide sulfurique décomposé ainsi par les métaux lorsqu'il est concentré donne du gaz sulfureux, & l'acide nitrique du gaz nitreux.

XIX. L'acide sulfurique étendu d'eau facilitant beaucoup la décomposition de cette dernière par les métaux, donne dans ce cas du gaz hydrogène; c'est ainsi que se comportent principalement les dissolutions de zinc & de fer par l'acide sulfurique aqueux. L'acide phosphorique se comporte à-peu-près avec les métaux, comme le fait l'acide sulfurique.

XX. L'acide nitrique eſt non-ſeulement décompoſé par pluſieurs métaux, mais il laiſſe encore décompoſer l'eau en même-temps que lui. Il ſuffit pour cela que le métal qu'on y diſſout ſoit extrêmement avide d'oxigène ; tel eſt ſur-tout l'étain. Dans ce cas l'hydrogène de l'eau en s'uniſſant à l'azote de l'acide nitrique forme de l'ammoniaque, voilà pourquoi ces diſſolutions ne fourniſſent point de gaz & contiennent du nitrate ammoniacal. On conçoit d'après cela comment la plupart des diſſolutions des métaux blancs dans l'acide nitrique, donnent des vapeurs d'ammoniaque quand on y jette de la chaux vive.

XXI. L'acide muriatique n'étant pas ſuſceptible d'être décompoſé par les corps combuſtibles, ne diſſout par lui-même que peu de ſubſtances métalliques. Il n'ataque que les métaux qui ſont aſſez avides d'oxigène pour décompoſer l'eau ; auſſi pendant les diſſolutions métalliques par l'acide muriatique, ſe dégage-t-il toujours du gaz hydrogène.

XXII. Non-ſeulement l'acide muriatique n'eſt pas ſuſceptible d'être décompoſé par les métaux, il a encore la propriété d'enlever l'oxigène à la plupart des oxides métalliques ; il paſſe alors à l'état d'acide muriatique oxigené ; c'eſt à cette attraction pour l'oxigène qu'eſt due la propriété de diſſoudre facilement les oxides métalliques dont jouit cet acide, & c'eſt pour cela qu'on l'emploie avec ſuccès pour diſſoudre l'oxide de fer que les autres acides ne peuvent pas attaquer. Si les oxides métalliques sont surchargés d'oxigène lorsqu'on les dissout dans l'acide muriatique, cet acide fait effervescence, parce qu'une partie s'en va en gaz acide muriatique oxigené. Si ces oxides ne sont qu'au point convenable d'oxidation pour s'unir à cet acide, ils se dissolvent sans mouvement, sans effervescence, comme du sel ou du sucre dans l'eau.

XXIII. Les acides boracique & fluorique ne s'unissent que foiblement aux oxides métalliques ; ils ne dissolvent point les métaux purs, parce qu'ils ne sont pas décomposables par ces corps ; mais ils font oxider par l'eau ceux d'entre eux qui ont le plus d'affinité pour l'oxigène. Il en est de même de l'acide carbonique qui se combine bien avec la plupart des oxides métalliques, & qu'on trouve souvent uni avec eux dans la nature.

XXIV. Les acides métalliques sont facilement décomposés par les métaux très-combustibles ; ils s'unissent bien avec leurs oxides, & on les trouve souvent combinés ensemble dans la nature.

XXV. Les acides végétaux & animaux, ou à radicaux formés d'hydrogène & de carbone, ne sont pas décomposés par les métaux ; mais ils rendent l'eau très-décompofable par ces corps, & ils s'unissent assez solidement avec les oxides métalliques ; plusieurs font repasser ces oxides à l'état des métaux.

XXVI. Les oxides métalliques ne peuvent

s'unir aux acides & ſur-tout y reſter unis, qu'autant qu'ils contiennent des proportions déterminées d'oxigène ; en-deçà de ces proportions ils ne s'y uniſſent point, au-delà ils les abandonnent.

XXVII. Outre cette vérité générale, il en eſt encore une du même ordre & particulière à chaque acide & à chaque métal ; c'eſt que chacun d'eux ne peut reſter réciproquement uni, que dans les limites ſouvent très-étroites d'oxidation. Il y a une proportion d'oxigène déterminée dans la combinaiſon d'un acide avec un oxide métallique.

XXVIII. C'eſt en vertu de cette loi que les diſſolutions métalliques expoſées à l'air ſe précipitent & ſe troublent, à meſure que l'oxide métallique abſorbant l'oxigène atmoſphérique devient peu-à-peu indiſſoluble dans l'acide. Telle eſt la raiſon des décompoſitions opérées par l'atmoſphère dans la plupart des ſulfates & des nitrates métalliques.

XXIX. Souvent même les oxides métalliques diſſous dans les acides, réagiſſent peu-à-peu ſur ces ſels, & leur enlèvent même dans les vaiſſeaux fermés & ſans le contact de l'air, une portion de leur oxigène, en ſorte qu'ils s'en ſéparent bien-tôt & ſe précipitent au fond des diſſolutions.

XXX. La chaleur favoriſe ſingulièrement cette décompoſition ſucceſſive des acides par les oxides métalliques. C'est ainsi que les dissolutions nitriques se troublent ou deviennent de plus en plus décomposables par l'air & par l'eau lorsqu'on les chauffe ; cela est sur-tout remarquable pour la dissolution nitrique de mercure.

XXXI. Il est des métaux qui ont tant de tendance pour s'oxider par les acides, qu'ils ne peuvent pas y rester unis ni former de dissolutions permanentes. Ce sont sur-tout ceux qui ont la propriété de devenir acides ou de former des oxides susceptibles de s'unir aux alcalis, comme l'arsénic, le tungstène, le molybdène, l'antimoine, l'étain, le fer, &c. Aussi voit-on les dissolutions de ces métaux dans l'acide nitrique sur-tout, être toujours chargées de précipités, & ne contenir que peu ou point d'oxides métalliques.

XXXII. On voit d'après les énoncés précédens que pour former des sels métalliques, il faut que leurs oxides restent unis aux acides & ne tendent point à s'en séparer. Il faut aussi qu'on n'augmente point leur affinité pour l'oxigène, ou qu'on ne leur présente point ce principe en contact avec eux.

XXXIII. Les sels composés métalliques sont toujours ou presque toujours avec excès d'acides ; ils sont d'ailleurs tous plus ou moins âcres & corrosifs, ce qui annonce que presque tous les oxides métalliques ont de la tendance pour devenir acides.

XXXIV. Les propriétés des sels métalliques

qu'il eſt important de connoître, ſont renfermées dans les titres ſuivans :

1°. Forme & ſes variétés ; 2°. ſaveur & cauſticité plus ou moins grande ; 3°. altération par la lumière ; 4°. fuſion, deſſéchement, décompoſition plus ou moins prononcée par le calorique ; 5°. déliqueſcence, effloreſcence ou décompoſition plus ou moins complete par l'air ; 6°. diſſolubilité dans l'eau à chaud, à froid, décompoſition plus ou moins avancée par l'eau pure, &c. ; 7°. décompoſition par les alcalis & les terres, nature des oxides métalliques précipités, précipitation complete ou formation des ſels triples ou de triſules, en partie alcalins ou terreux, & en partie métalliques ; 8°. altération des oxides métalliques précipités dans le moment de leur précipitation, ſoit par l'air, ſoit par la nature de l'alcali employé pour la précipitation, comme cela a lieu pour l'ammoniaque ; 9°. altération réciproque par les divers acides, décompoſition ou non, attraction des acides pour les oxides métalliques, changemens des oxides reconnoiſſables à leur couleur ; 10°. altération par les ſels neutres, terreux ou alcalins, qui préſentent ſoit une union ſans décompoſition, ſoit une double décompoſition ; 11°. action réciproque des ſels métalliques les uns ſur les autres, qui annonce ou une union ſimple, ou un changement ſimple de baſes par les acides, ou un déplacement d'oxigène qui précipite les deux oxides, l'un parce qu'il eſt en partie *déſoxidé*, l'autre parce qu'il eſt *ſuroxidé*, telle eſt, par exemple, l'utile précipitation de la diſſolution muriatique d'or par la diſſolution muriatique d'étain qui fournit le *pré-*

cipité pourpre de Caſſius; 12°. union avec les ſulfures terreux ou alcalins, formation d'eſpèces de mines ſulfureuſes.

XXXV. Les oxides métalliques ont différens degrés d'affinité avec les acides, & on peut employer les uns pour décompoſer les combinaiſons des autres. Mais ce ſont ſur-tout les affinités diverſes, des métaux pour l'oxigène qui ſont la cauſe la plus importante du phénomène de la précipitation des diſſolutions métalliques. Ainſi pluſieurs métaux en enlevant l'oxigène à ceux qui ſont diſſous dans les acides, font reparoître ceux-ci ſous la forme métallique, comme le mercure fait pour l'argent, le cuivre pour le mercure, le fer pour le cuivre, le zinc pour le fer, &c. Quelquefois les métaux n'enlèvent point tout l'oxigène aux oxides métalliques diſſous dans les acides. Cela arrive lorſque les métaux précipitans n'ont pas beſoin de tout l'oxigène uni aux métaux diſſous, pour prendre leur place dans les acides; ainſi l'étain en précipitant l'oxide d'or ne lui enlève point tout l'oxigène qu'il contenoit, & laiſſe précipiter ce dernier métal dans un état particulier d'oxidation. Les oxides métalliques en ſe partageant l'oxigène dans une nouvelle proportion, ſe précipitent avec des propriétés qui méritent d'être mieux obſervées qu'on ne l'a encore fait juſqu'ici.

Application des énoncés de ce titre.

Préparation de tous les oxides métalliques utiles aux arts.

Verres colorés, émaux.

Sels métalliques utiles aux arts.

Effets de ces sels dans les arts où on les employe.

Dissolutions & départs des métaux.

Précipitation des oxides métalliques par les alcalis & les terres.

Ces applications sont en général si multipliées & si utiles qu'elles ne peuvent être bien présentées qu'à l'histoire particulière de chaque métal.

TITRE DIXIÈME.

FORMATION ET NATURE DES MATIERES VÉGÉTALES.

I. Les matières qui constituent le tissu des végétaux diffèrent des substances minérales, en ce qu'elles sont d'un ordre de composition plus compliqué, & que toutes étant très-susceptibles de décomposition ou d'analyse, aucune ne l'est de synthèse.

II. Il n'y a que le tissu des végétaux vivans, il n'y a que leurs organes végétans, qui puissent former les matières qu'on en extrait, & aucun instrument de l'art ne peut imiter les compositions qui se font dans les machines organisées des plantes.

III. Quoique ce soit avec quatre ou cinq substances naturelles, le calorique, la lumière, l'eau, l'air, & quelques débris de plantes consommées en terreau, que les végétaux forment tous les matériaux qui en composent le tissu, on trouve une variété extrême dans les propriétés de ces matériaux. On peut cependant les réduire à un certain nombre de chefs principaux, sous le nom de *matériaux immédiats des plantes*, parce qu'on les retire par des procédés simples presque entièrement méchaniques, par une espèce d'analyse immédiate qui n'en altère pas la nature.

IV. Ces matières plus ou moins composées sont placées dans des organes particuliers ou dans des vaisseaux, des cellules distinctes, &c. Quelquefois leur siège est dans la racine ou dans la tige, l'écorce & les feuilles à la fois ; d'autres fois au contraire il n'y a que les fleurs, les fruits, ou les semences & même quelques régions de ces organes qui les récèlent. Cette situation particulière des matériaux immédiats désigne la différence d'organisation du tissu, comme la cause de la variété de nature que chacune de ces matières présente.

V. La place différente qu'occupe chacun des matériaux des végétaux, permet souvent qu'on les obtienne facilement séparés & purs ; il suffit lorsque ce cantonnement a lieu, de briser, d'ouvrir les vaisseaux ou les cellules qui les contiennent, & d'en exprimer les sucs liquides. La nature, par la force même de la végétation, offre souvent elle-même cette séparation à l'extérieur des plantes ; c'est ainsi que découlent spontanément la sève, la manne, la gomme, la résine, &c. Souvent l'art est obligé de séparer les uns des autres plusieurs de ces matériaux réunis & confondus. Les moyens qu'il employe pour cela sont ordinairement ſimples & faciles à pratiquer ; tels que le repos, la filtration, la preſſe, le lavage, la diſtillation à une chaleur douce, qui n'altère point les ſubſtances qu'on y ſoumet.

VI. Parmi les matériaux qui compoſent les corps des végétaux, qu'on en retire par des moyens ſimples qui n'en altèrent point la nature, & qui ſont ou fluides ou ſolides, on compte les ſubſtances ſuivantes :

1°. L'extractif ou l'extrait.
2°. Le muqueux ou le mucilage.
3°. Le ſucre.
4°. Les ſels eſſentiels.
5°. L'huile fixe.
6°. L'huile volatile.
7°. L'arome.
8°. Le camphre.
9°. La réſine.
10°. Le baume.
11°. La gomme réſine.
12°. La fécule.
13°. Le gluten.
14°. La matière colorante.
15°. La gomme élaſtique.
16°. La partie ligneuſe.

Outre ces 16 principes, on a encore trouvé dans les végétaux une ſubſtance analogue à l'albumine animale. *Voyez* le titre XI (1).

VII. Il eſt néceſſaire de bien concevoir ici,

(1) *Voyez* l'analyſe du quinquina, annales de chimie, tom. 8 & 9.

qu'en réduisant à des termes généraux ou à des résultats principaux, tous les faits de l'analyse végétale, on n'a rien trouvé de plus dans toutes les plantes qu'on a examinées jusqu'à présent que les 16 substances précédentes ; de sorte qu'on peut assurer qu'elles composent véritablement le tissu de tous les végétaux connus, & qu'en les séparant d'un végétal, on en fait ainsi une analyse très-exacte. Il ne faut cependant pas entendre que ces 16 matériaux immédiats se trouvent tous dans les diverses parties des végétaux, ou même dans chaque végétal tout entier. Il est des plantes qui dans tout l'ensemble de leurs parties ne fournissent pas 5 à 6 de ces matériaux ; il en est d'autres qui en contiennent 8 ou 10 ; quelques-unes les offrent tous. Mais en supposant qu'on pût mêler ensemble & confondre même chimiquement toutes les plantes dont la chimie s'est occupée, ce mélange, cette combinaison, confuse en apparence, n'offriroit que les 16 ou 17 substances indiquées ci-dessus, par les analyses les plus exactes & les plus recherchées ; on doit donc dire que les végétaux sont formés de ces matériaux immédiats.

VIII. Chacun des matériaux énoncés ci-dessus a des propriétés particulières distinctives, parmi lesquelles il faut choisir celles qui peuvent en tracer les caractères & les faire reconnoître facilement les unes des autres. Il n'est pas impossible de traiter cet objet à la manière des botanistes & de n'avoir qu'une phrase caractéristique ou spécifique pour chacun de ces matériaux. Quoique cette méthode n'ait encore été ni proposée ni exécutée en chimie,

chimie, on essayera d'en présenter une esquisse dans les numéros suivans.

Caractères des matériaux immédiats des végétaux.

IX. L'*extractif ou l'extrait* ; matière sèche, brune ; un peu déliquescente, dissoluble dans l'eau, obtenue des sucs des végétaux épaisis, des infusions, des décoctions ; donnant à la distillation un acide, un peu d'ammoniaque & de l'huile ; absorbant l'oxigène atmosphérique, & devenant peu-à-peu indissoluble par cette absorption ; regardée faussement comme un savon naturel ; composée de carbone, d'hydrogène, d'azote & d'oxigène, & tendant toujours à absorber plus de ce dernier principe qu'elle n'en contient dans son premier état.

X. Le Muqueux ou le Mucilage ; substance gluante, visqueuse, fade, donnant beaucoup d'acide pyro-muqueux à la distilation ; dissoluble dans l'eau froide & chaude ; n'absorbant point l'oxigène atmosphérique, se séchant & devenant cassante sous la forme de gomme ; existant dans les racines, les jeunes tiges, les feuilles ; sortant par expression des écorces des arbres ; collant leurs fibres les unes aux autres.

XI. Le Sucre ; d'une saveur piquante & agréable, cristallisable, dissoluble, fermentescible, presque en tout semblable au mucilage, en différant par la propriété de fermenter & de former de l'alcool. Le mucilage & le sucre sont des compoſés de carbone, d'hydrogène & d'oxigène, qui diffèrent de l'extrait, 1°. Par la proportion d'hydrogène plus petite : (c'eſt pour cela qu'ils n'abſorbent pas l'oxigène atmoſphérique comme l'extrait ;) 2°. Par l'abſence de l'azote ; auſſi ne donnent-ils point d'ammoniaque.

XII. Le SEL ESSENTIEL ; comprenant les acides végétaux, formés en général d'hydrogène & de carbone plus oxigenés que les trois principes précédens ; en ajoutant l'oxigène à ces derniers, on les convertit en acides. Les acides végétaux en quelque nombre qu'ils puiſſent être ne paroiſſent différer que par la proportion de leurs trois principes ; ils ſont tous décompoſables par le feu, ſuſceptibles de ſe convertir les uns dans les autres ; & ſe réduiſent en dernière analyſe par l'addition de l'oxigène en eau & en acide carbonique ; (*Voyez* le titre VII.)

XIII. L'HUILE FIXE ; nommée autrefois *huile graſſe* ; épaiſſe, douce, inodore, brûlant quand elle eſt volatiliſée, formant des ſavons avec les alcalis cauſtiques ; mêlée d'un mucilage nommé *principe doux* des huiles par Schéele ; s'épaiſſiſſant & devenant concrète par le contact de l'air & l'abſorption de l'oxigène ; éprouvant les mêmes effets par les acides & les oxides métalliques ; compoſée de carbone, d'hydrogène & d'un peu d'oxigène. Elle diffère des compoſés précédens par la proportion d'hydrogène plus grande ; de-là ſa combuſtibilité & ſa propriété de ſe changer en eau & en acide carbonique, quand elle brûle avec ſuffiſante quantité d'air, comme cela arrive dans les mèches creuses & environnées de toutes parts d'air, qui constituent les lampes d'Argan.

XIV. Huile volatile, nommée autrefois *huile essentielle*, *essence*; âcre, très-odorante, se réduisant en entier en vapeur à 80 degrés, ne se combinant que difficilement aux alcalis; inflammable par les acides; s'épaississant en résine par l'oxigène; brûlant plus vîte que l'huile fixe, donnant plus d'eau qu'elle; laissant précipiter plus vîte son charbon, qui constitue le noir de fumée.

XV. L'Arome, nommé autrefois *esprit recteur*; principe très-volatil, réduit en vapeur par la chaleur atmosphérique; formant une atmosphère autour des plantes; passant avec l'eau à la distillation au bain-marie; quelquefois de nature inflammable, dans d'autres cas présentant les propriétés salines; s'unissant avec l'alcool, les huiles fixes, le vinaigre, &c. formant dans ces combinaisons ce qu'on appelle les eaux distillées en pharmacie; contribuant par sa présence à la quantité d'huiles volatiles qu'on retire des plantes; ayant avec elles tant d'analogie, qu'on les a prises l'une pour l'autre. On ne connoît pas exactement la nature de l'arome; on commence à croire que ce n'est point un corps particulier, un seul principe dégagé des matières végétales, mais ces matières elles-mêmes entièrement réduites en vapeurs.

XVI. Le Camphre; matière reconnue aujourd'hui dans une foule de végétaux & devant être comptée parmi leurs principes immédiats, sous forme concrète & cristallisée, très-volatile, combustible avec fumée, dissoluble dans une grande quantité d'eau, dans l'alcool & l'éther, existant dans beaucoup d'huiles volatiles, contenu tout pur dans le tronc & les feuilles de l'espèce de laurier qui le fournit, trop peu connu encore dans sa nature intime, faisant un acide particulier par l'acide nitrique.

XVII. La Résine; matière molle ou sèche, peu odorante, combustible, dissoluble dans l'alcool, point dans l'eau, s'unissant difficilement aux alcalis, peu altérable par les acides, provenant d'une huile volatile épaissie, & ne paroissant en différer que par une plus grande proportion d'oxigène.

XVIII. Le Baume; résine unie avec l'acide benzoïque, plus odorante que la résine pure, donnant son acide concret par l'action du feu & par l'eau; le laissant enlever par les alcalis & les terres; se rapprochant de la résine après avoir perdu son acide.

XIX. La Gomme résine; suc concret, en partie dissoluble dans l'eau, formant avec elle une sorte d'émulsion, ainsi qu'avec le vinaigre, qu'on a cru être son dissolvant universel; plus dissoluble dans l'alcool; ne sortant pas naturellement des végétaux comme la résine, mais retiré de leurs vaisseaux brisés sous la forme d'un suc blanc ou diversement coloré, d'une odeur fétide & plus ou moins alliacée.

XX. La Fecule ; matière pulvérulente, sèche, blanche, insipide, combustible, donnant beaucoup d'acide pyro-muqueux à la distillation, dissoluble dans l'eau bouillante, formant une gelée avec ce liquide, se convertissant en acides oxalique & malique par l'action de l'acide nitrique, existant dans toutes les matières blanches & cassantes des végétaux, particulièrement dans les racines tubéreuses & les graines des graminées, formant la base de la nourriture des animaux, & disposée promptement à devenir le principe de leurs corps.

XXI. Le Gluten ; corps élastique, ductile, comme fibreux ou membraneux, indissoluble dans l'eau, légèrement soluble dans l'alcool, donnant beaucoup d'ammoniaque à la distillation, putrescible comme une matière animale, se colorant en jaune comme elle par le contact de l'acide nitrique; se convertissant en acide oxalique par cet acide, faisant la différence de la farine de froment d'avec les autres farines, lui donnant la propriété de faire une pâte.

XXII. La Matière colorante ; toujours attachée à l'un ou à l'autre des matériaux précédens, paroissant varier par sa nature, tantôt dissoluble dans l'eau, tantôt attaquable seulement par les alcalis, les huiles ou l'alcool ; devant ses diverses propriétés aux différentes quantités d'oxigène qui s'y sont fixées, ayant de l'affinité pour s'unir à l'alumine, à l'oxide d'étain, &c. ; susceptible de se combiner plus ou moins étroitement aux tissus végétaux & animaux.

XXIII. La Gomme elastique ; analogue à la gomme-résine, paroissant exister dans beaucoup de végétaux, remarquable par la ductilité & l'élasticité qu'elle conserve après sa dessication, donnant de l'ammoniaque à la distillation, répandant une odeur fétide quand on la brûle ; ayant d'abord été sous forme d'un fluide blanc & laiteux, & passant de-là à celle de solide élastique par l'absorption de l'oxigène atmosphérique.

XXIV. La Partie ligneuse, le Bois ; matière trop négligée jusqu'ici par les chimistes, faisant la base solide de tous les végétaux, bien plus abondante dans ceux qui sont durs, faussement regardée comme une terre, indissoluble dans l'eau, donnant à la distillation l'acide particulier nommé pyro-ligneux ; contenant une grande quantité de carbone ; passant à l'état de 3 ou 4 acides par l'action de celui du nitre ; paroissant le dernier produit de la végétation.

XXV. Il résulte de tout ce qui a été exposé ci-dessus sur les 16 matériaux immédiats des végétaux, qu'ils se réduisent tous en dernière analyse à trois ou quatre principes qui en sont les composans primitifs ; savoir, l'hydrogène, le carbone, l'oxigène & pour plusieurs l'azote ; que ces matériaux ne diffèrent entre eux que par les diverses proportions de ces espèces d'élémens qui les constituent. Or si l'on recherche par un simple calcul le nombre des composés différens qui peuvent résulter de ces unions suivant les proportions possibles entre trois ou quatre principes primitifs, on trouvera qu'il peut en exiſter un bien plus grand nombre. Mais comme chacune des compoſitions ternaires ou quaternaires qui forment les matériaux immédiats des végétaux, admet, à ce qu'il paroît, une certaine latitude de proportions pour reſter avec ſa nature générale d'extractif, de muqueux, d'huile, d'acide, de réſine, &c. &c. on conçoit que les diverſes proportions de leurs principes qui ſont renfermées dans ces latitudes, déterminent l'immenſe, l'incommenſurable variété de couleur, d'odeur, de ſaveur, de conſiſtance que l'on connoît dans tous les matériaux des végétaux, & que tous les hommes diſtinguent dans celles de ces matières employées à leur nourriture, leurs vêtemens, la conſtruction de leurs demeures, &c.

XXVI. Il ne ſera pas plus difficile de concevoir par la même conſidération, que les végétaux doivent différer dans la nature & dans les propriétés ſpécifiques de leurs matériaux, ſuivant les différentes époques de leur végétation ; qu'ils ne doivent jamais reſter dans le même état, & que les ſcènes diverſes que préſentent les époques de la germination, de la frondaiſon, de la floraiſon, de la fructification & de la maturation, qui conſtitue la vie végétale, doivent être accompagnées & marquées même par des changemens intérieurs, comme elles le ſont par les apparences extérieures. La ſaveur ſi diverſement modifiée, la couleur variant ſans ceſſe, l'odeur qui n'eſt pas plus ſtable, la différence des tiſſus qui caractériſent ces diverſes époques de la végétation, en ſont des preuves inconteſtables.

XXVII. C'eſt un nouveau réſultat de la philoſophie chimique actuelle, que d'avoir ſu diſtinguer ainſi la nature des matériaux, des plantes plus compliquée que celle des ſubſtances minérales. Cette connoiſſance acquiſe conduit à l'appréciation des changemens qu'éprouvent les matières végétales par les différens agens chimiques. Ainſi l'on ne peut plus dire qu'on ignore l'action de l'agent deſtructeur du feu ſur les ſubſtances végétales. On conçoit, d'après les conſidérations précédentes, que lorſqu'on ſoumet un végétal entier ou ſes différens produits à l'action du feu, le calorique tend à réduire à des compoſitions plus ſimples, ces eſpèces de compoſés compliqués, en opérant l'union de leurs principes, deux à deux, dans des proportions très-différentes de celles qu'ils contenoient d'abord. En les chauffant doucement, on dégage l'hydrogène qui brûle ſeul, & il reſte beaucoup de carbone ; ſi on les chauffe fortement, on dégage le carbone en même-temps que l'hydrogène ; l'un & l'autre brûlent dans l'air, & il ne reſte pour réſidu que la petite quantité de terre & de ſels qui forment les cendres végétales.

XXVIII. Tous les principes immédiats des végétaux ſe réduiſant en dernière analyſe, à 3 ou 4 principes primitifs, ſavoir, l'hydrogène, le carbone, l'oxigène & un peu d'azote pour quelques-uns d'entre eux, cette analyſe répondant d'ailleurs avec une véritable préciſion à la manière dont les végétaux ſe nourriſſent, croiſſent, s'étendent & ſe perpétuent, puiſquon ſait que la végétation n'exige que ces matières ſimples pour avoir lieu, il ne reste plus qu'à trouver comment les plantes s'approprient ces espèces d'élémens, & comment elles les combinent dans leurs filières organiques, pour composer les diverses substances qui viennent d'être énoncées.

XXIX. Il ne paroît pas douteux que la source de l'hydrogène pour les végétaux, est l'eau ; qu'ils décomposent ce fluide dans leurs feuilles, à l'aide du contact de la lumière solaire, qu'ils en absorbent l'hydrogène qui s'y fixe dans l'état d'huile, ou d'extrait, ou de mucilage, &c., & qu'ils en séparent l'oxigène, dont une grande partie fondue par la lumière & le calorique se dégage en état d'air vital. Mais une portion de l'oxigène de l'eau se fixe en même-temps dans le tissu végétal, & il y est sur-tout retenu par le carbone.

XXX. Il n'est pas si facile de rendre compte de l'origine du carbone qui existe dans les végétaux. Quelques physiciens croyent que les végétaux décomposent l'acide carbonique en même-temps que l'eau, & qu'ils en absorbent le carbone ; mais cette assertion n'est pas prouvée. D'autres chimistes pensent que les terres végétales, l'*humus*, les fumiers, & sur-tout l'eau de fumier, fournissent le carbone divisé & même dissous dans l'eau, que c'est par leurs racines que les plantes absorbent ce principe, & qu'elles ne l'enlèvent point à l'acide carbonique. Ainsi les engrais ne donneroient dans cette opinion que le carbone. C'est à ces données que doit être restreinte jusqu'à ce moment la théorie chimique de la végétation.

Application des réſultats du titre dixième.

Les applications des réſultats conſignés dans ce titre ſont extrêmement multipliées ; elles tiennent à l'agriculture, à l'économie rurale, à la pharmacie, à la matière médicale & à tous les arts qui s'exercent ſur les ſubſtances végétales. Voici une légère eſquiſſe des principaux traits de ces applications importantes.

La germination.

Le développement des feuilles.

La floraiſon.

La fructification.

La maturation des fruits & des graines.

La formation ſucceſſive de la gomme, de l'extrait, de l'huile, de la réſine, des ſels, du ſucre, de la partie colorante, dans les différentes époques de la vie végétale.

L'accroiſſement du corps ligneux, de l'écorce, &c.

Les préparations pharmaceutiques des ſucs, des extraits, des ſels eſſentiels, des mucilages, des huiles, des réſines, des gommes-réſines, des eaux aromatiques, &c.

Les arts du ſucrier, du confiſeur, du meûnier, du boulanger, de l'amidonier, du vigneron, du braſſeur, des brûleurs de vin & d'eau-de-vie, du verniſſeur, du teinturier, du papetier, de l'indigotier, des lacques, du linier, du parfumeur, du limonadier, de l'huilier, du ſavonier, du charbonier, &c.

TITRE ONZIÈME.

DE LA FORMATION ET DE LA NATURE DES SUBSTANCES ANIMALES; THÉORIE DE L'ANIMALISATION.

I. Ceſt une vérité conſtante que les animaux ne peuvent point entretenir leur exiſtence ſans le ſecours des végétaux ; auſſi a-t-on dit depuis longtemps dans l'hiſtoire naturelle, que les végétaux ſe forment des minéraux, & les animaux des végétaux. Mais ſi cette vérité eſt connue depuis longtemps, le mode du changement de ces corps les uns dans les autres, ou de leur converſion réciproque, n'a pas encore été déterminé. Cependant c'eſt ſur ce point que doivent principalement s'exercer les travaux des chimiſtes ; ce problême une fois réſolu, donnera la connoiſſance exacte de tous ceux qui concernent l'économie animale. Déjà les découvertes modernes offrent quelques réſultats utiles à cette grande recherche.

II. Le moyen le plus sûr de réſoudre cet important problême, c'eſt ſans doute de reconnoître d'abord avec exactitude les ſubſtances animales, de les comparer à celles du règne végétal, d'en rechercher avec ſoin la différence ou l'analogie. Il n'eſt pas douteux que ces différences une fois bien connues, puiſſent faire concevoir la cauſe à laquelles elles ſont dues.

III. En prenant les réſultats de toutes les analyfes modernes faites fur le fang & les humeurs, ainfi que fur les parties folides qui proviennent manifeftement de la concrétion des premières, on trouve pour principales différences des fubftances animales d'avec les fubftances végétales.

A. La propriété de donner beaucoup d'ammoniaque & des produits très-fétides par l'action du feu.

B. Celle de fe pourrir plus facilement, plus promptement, & en répandant une odeur beaucoup plus infecte.

C. De donner beaucoup plus de gaz azote par l'acide nitrique.

D. De contribuer fingulièrement à la formation de l'acide nitrique.

IV. Toutes ces différences femblent ne tenir qu'à la préfence d'un principe beaucoup plus abondant dans les animaux que dans les végétaux, c'eft celle de l'azote. On diroit donc qu'il fuffiroit d'ajouter de l'azote aux matières végétales, pour les convertir en fubftances animales.

V. On doit cependant obferver encore qu'à ces premières différences indiquées, & que l'on pourroit appeller *différences capitales*, peuvent être ajoutées quelques autres phénomènes particuliers, dont l'influence, quoique moins grande fans doute fur la compofition animale, ne doit cependant point être négligée. Telle eſt entr'autres la préſence de l'acide phoſphorique & des différens phoſphates, ſur-tout de ceux de ſoude, de chaux & d'ammoniaque, dans les humeurs animales. C'eſt à ces ſels qu'eſt due la qualité particulière, & ſur-tout la preſqu'incombuſtibilité des charbons de matières animales.

VI. Le principe particulier qui eſt ſi abondant dans ces matières, & qui les fait ſpécialement différer des ſubſtances végétales, l'azote, paroît donc être la cauſe efficiente des propriétés qui les diſtinguent, & ſur-tout de l'eſpèce de concreſcibilité ou de plaſticité dont il ſera bientôt queſtion plus en détail. On peut donc aſſurer que ſi on enlevoit l'azote aux matières animales, on les feroit redevenir en quelque ſorte végétales, comme pour convertir ces dernières en matières animales, il ſuffit d'y combiner ou d'y introduire de l'azote.

VII. On peut conſidérer toutes les matières qui forment les corps des animaux comme autant de principes immédiats, ainſi qu'on l'a fait pour les végétaux. On doit de même caractériſer chacun de ces principes par l'énoncé de ſes propriétés les plus frappantes. Ainſi en examinant & déſignant de cette manière, le ſang, le lait, la bile, la graiſſe, l'urine, &c., & les ſolides des animaux, en les décrivant par la méthode abrégée qui a été tracée dans le titre précédent, il en réſultera une marche comparable qui fera connoître les rapports & les différences que nous cherchons.

VIII. Le SANG; Fluide rouge, chaud, à 32

degrés dans l'homme, les quadrupèdes, les oiſeaux, à la température du milieu qu'ils habitent dans les quadrupèdes ovipares, les ſerpens, les poiſſons; douceâtres, concreſcible par le froid, miſcible à l'eau, ſe ſéparant preſque ſpontanément en trois ſubſtances différentes, le *ſerum blanc*, le *ſerum rouge* ou la partie colorante, & la *matière fibreuſe*; offrant dans chacune de ces matières des caractères diſtinctifs, ſavoir, l'alcalinité du ſerum, ſa coagulabilité par le feu, par les oxides métalliques, &c., coagulabilité due à la combinaiſon plus intime de l'oxigène; la même nature générale dans le ſerum rouge, qui ne diffère du blanc que par la préſence de l'oxide de fer; la concreſcibilité ſpontanée de la matière fibreuſe, ſa diſſolubilité dans les alcalis. Ces principaux caractères doivent être conſidérés dans le ſang entier, qui paroît être le principe primitif de toutes les ſubſtances animales, & l'origine commune de toutes les humeurs & de tous les ſolides. On l'a nommé de la chair coulante, en vertu de la fibre qui s'y concrète par le rêfroidiſſement. On a déterminé la cauſe de ſa chaleur dans l'altération & l'abſorption de l'air vital par la reſpiration. On a également déterminé le renouvellement du ſang par le chile & le changement de celui-ci en matière animale, par le dégagement d'une grande quantité de carbone & d'hydrogène qui paroît avoir lieu dans le poumon.

IX. Le Lait; fluide blanc, doux & ſucré, formé de ſerum, de fromage & de beurre intimement mêlés & repréſentant une véritable émulſion animale. Dans le ſerum du lait, on doit obſerver en particulier la matière appellée *sucre de lait*, & qui n'a pour-ainsi-dire que le caractère d'un sucre ébauché ; la quantité de phosphate de chaux plus abondante que dans d'autres humeurs, & qui semble annoncer que la nature a voulu placer dans la première nourriture des animaux une quantité de base osseuse, relative à la rapidité nécessaire de la formation & de l'accroissement des os dans le premier temps de leur vie. Le fromage est une vraie matière albumineuse. Le beurre est une huile concrète, dont la solidité & la facile séparation du lait par le simple mouvement, paroissent tenir à l'absorption de l'oxigène atmosphérique pendant la formation de la crême.

X. La Bile ; suc huileux & savoneux, composé d'une huile presque voisine de l'état de blanc de baleine & de soude, mêlé de liquide albumineux, formé dans le foie, viscère qui contient lui-même une grande quantité d'huile : tout annonce dans le systême de cette glande volumineuse, une disposition, une organisation destinée à séparer du sang la grande quantité de graisse qui résulte du rallentissement de ce liquide dans le systême veineux du bas-ventre. Cette considération destinée à faire quelque jour une des bases principales de la physiologie annoncées ci-dessus, explique le volume du foie dans le fœtus qui n'a point respiré, comme dans les animaux qui n'ont point d'organe respiratoire semblable à ceux de l'homme, des oiseaux & des quadrupèdes ; elle explique encore la naissance des maladies du foie, & sur-tout celle des concrétions ou pierres biliaires.

XI. La GRAISSE ; espèce de matière huileuse formée aux extrémités des artères & le plus loin possible du centre du mouvement & de la chaleur animale, offrant une sorte de réservoir où se fixe la grande quantité d'hydrogène qui n'a pas pu s'évacuer par le poumon ; huile unie à une proportion assez considérable d'oxigène, contenant en outre de l'acide sébacique. Cette manière de considérer la graisse est encore un des points les plus frappans de la physique animale moderne.

XII. L'URINE ; fluide excrémentiel, plus ou moins coloré, âcre & salin, remarquable par la grande quantité d'acide phosphorique libre, de phosphate de soude, d'ammoniaque & de chaux qu'il charie, plus remarquable encore par la présence d'un acide particulier qu'on n'a point encore trouvé dans d'autres humeurs animales ; nommé aujourd'hui acide *lithique*, parce qu'il fait la base des calculs des reins & de la vessie, maladie connue sous le nom de *lithiasis*.

L'urine a été une source des découvertes les plus précieuses pour les chimistes, elle doit l'être encore davantage pour les médecins. Sans la considérer seulement comme une lessive destinée à entraîner hors du corps une grande quantité de matières salines qui nuiroit à l'intégrité de ses fonctions, il faut y voir de plus une évacuation dont la proportion des principes en variant comme l'état du corps devient une sorte de mesure propre à en faire connoître les modifications en santé & en maladie, par une suite d'observations que les médecins ont déjà commencées sous d'heureux auspices ;

pices ; il faut la voir comme contenant toujours la matière des concrétions rénales & véficales, qui femblent ne demander pour fe former, qu'un féjour un peu plus long que celui que la nature a voulu qu'elle fît dans fes organes, ou un premier noyau, qui appelle en quelque forte, les couches lithiques fucceffives. Il faut encore obferver dans l'urine les proportions des divers principes, & fur-tout des acides à nu qu'elle contient, du phofphate de chaux qu'elle entraîne, & qui, variant fingulièrement dans les maladies des articulations, dans celles des aponévrofes & des os, doivent devenir quelque jour entre les mains des obfervateurs habiles, des nouveaux moyens de connoître la nature de ces affections, d'en déterminer les progrès, & peut-être même d'en affurer la curation.

XIII. On ne peut dire ici que peu de chofes des autres fluides animaux, tels que l'humeur de la tranfpiration, de la fueur, le fuc gaftrique, la falive, l'humeur des larmes, le mucus nafal, le cerumen des oreilles, la liqueur féminale, &c. parce que tous ces fluides ont été peu examinés jufqu'ici. Tous ont fans doute leur compofition particulière & différente par quelques points, furtout par la proportion de leurs principes; quelques-unes de ces humeurs un peu plus connues par des expériences modernes, ont préfenté l'union d'un mucilage particulier avec l'eau, la foude pure, le phofphate de chaux & le phofphate de foude. Tels font les larmes, le mucus nafal & le fperme : les deux premiers ont offert de plus la propriété de s'épaiſſir par le contact de l'air & par l'abſorption de l'oxigène ; ce qui conſtitue vraiſemblablement la maturité ainſi nommée de l'humeur dans le rhume de cerveau, même dans celui des poumons. La liqueur ſéminale a préſenté le ſingulier phénomène de la criſtalliſation jusqu'ici inconnue du phoſphate de chaux.

XIV. En conſidérant l'enſemble des matières ſolides qui compoſent les tiſſus ſi variés des divers organes des animaux, on peut diviſer en trois genres principaux les ſubſtances qui les forment ; le premier comprend l'albumine, le ſecond eſt la gélatine ou la matière gélatineuſe, le troiſième la matière fibreuſe ou la fibre : deux de ces corps ont été déjà diſtingués à l'article du SANG, N°. VIII. On ne fera que préſenter rapidement ici les phénomènes conſtans qu'on peut regarder comme les caractères de chacun de ces genres.

I. GENRE.

L'*Albumine* ; concreſcible par la chaleur, par les acides, par les oxides, & en général par l'oxigène concret ou preſque concret, diſſoluble par les alcalis, ſe trouve plus ou moins condenſée ou oxigenée & tiſſue dans les membranes, les tendons, le cartilages, & en général dans toutes les parties animales blanches.

II. GENRE.

La *Gélatine* ; partageant la ſolidité de la première

dans la plupart des organes blancs, susceptible d'en être séparée & dissoute facilement par l'eau bouillante, à laquelle elle donne la forme de gelée en réfroidissant ; comme elle fait la base ou la plus grande partie de tous les organes blancs en général, ceux-ci sont susceptibles de se dissoudre plus ou moins complétement dans l'eau bouillante, & de former des gelees transparentes par le réfroidissement de ces dissolutions.

III. Genre.

La *Matière fibreuse* ; indissoluble dans l'eau à toutes les températures, dissoluble dans les acides, condensée, concretée & organisée dans la chair musculaire, qu'on doit regarder comme le vrai réservoir de toute la fibre contenue dans le sang : aussi en considérant les muscles comme les organes secrétoires de cette matière fibreuse du sang, on doit en suivre toutes les modifications relatives à la quantité ou à la proportion qui s'en fixe dans ces organes, & sur-tout par rapport à l'exclusion qu'ils paroissent lui donner dans plusieurs circonstances morbifiques, dans la vieillesse, &c.

XV. Ces trois matières, l'albumine, la gélatine & la fibre, dans un état de concrétion, de combinaison deux à deux, trois à trois, & sur-tout dans des proportions différentes, forment tous les solides des animaux ; on les sépare les unes des autres par une analyse symple & facile ; elles forment aussi beaucoup de liquides animaux, sur-tout l'albumine ; seulement elles y contiennent moins d'oxigène, plus d'eau, & y sont réunies avec des acides, des sels neutres, &c. Il faut observer que la gélatine est aussi peu abondante dans les fluides, qu'elle l'est beaucoup dans les solides ; il paroît qu'elle prend sa nature de gélatine en passant des liquides dans les solides. L'albumine dissoute artificiellement par les acides, prend des propriétés analogues à celles de la gélatine.

XVI. La matière solide animale ou la substance osseuse, est encore d'un autre ordre de composition. Une grande quantité d'un sel terreux presqu'entièrement indissoluble, (phosphate de chaux) est amassé dans le tissu ou le parenchyme primitif de l'os. Tel est tout le mystère de la structure & de la composition de cet organe ; c'est pour cela que l'os donne de la gelée par la décoction dans l'eau, beaucoup d'huile & d'ammoniaque par la distillation ; une fois bien calciné ou brûlé, l'os n'est plus que du phosphate calcaire mêlé de quelques parcelles de carbonate, de muriate & de phosphate de soude.

XVII. Quand on traite toutes les matières animales précédentes, & sur-tout les liquides blancs épaissis ou les organes blancs, par l'acide nitrique, on en dégage une quantité plus ou moins grande de gaz azote & de gaz acide prussique, qui ne paroît être qu'une combinaison d'azote, d'hydrogène & de carbone avec un peu d'oxigène. A mesure que ce changement de combinaisons dans les principes des matières animales a lieu par le moyen de l'acide nitrique, il semble qu'elles repassent à leur ancien état de matières végétales, dont elles ne diffèrent essentiellement, comme on l'a dit, que par la présence de l'azote, & par une complication plus grande dans le nombre des principes combinés qui les forment. Ainsi au lieu de composés ternaires comme sont les substances végétales, les matières animales sont des composés quaternaires & même plus compliquées encore. L'azote est le quatrième principe primitif, qui est ajouté à l'hydrogène, au carbone & à l'oxigène.

XVIII. Ainsi la conversion des matières végétales en matières animales, qui ne consiste que dans la fixation ou l'addition de l'azote, doit être considérée comme le principal phénomène de l'animalisation; lui seul en explique les principaux mystères, & quand cette addition d'azote sera bien connue dans son méchanisme, la plupart des fonctions de l'économie animale qui l'exécutent ou qui en dépendent, seront également connues.

XIX. Ce qu'on sait déjà sur ce dernier objet, se borne aux considérations suivantes : ce n'est pas tant par une fixation d'une nouvelle quantité d'azote, que par la soustraction d'autres principes, qui augmente alors la proportion du premier, que ce phénomène a lieu. Dans la respiration, le sang laisse exhaler une grande quantité d'hydrogène & de carbone, soit simplement dissous dans le gaz hydrogène, soit porté à l'état d'acide carbonique par l'acte même de la circulation & dans le systême vasculaire, suivant quelques physiciens modernes. L'hydrogène forme, dans les cavités des bronches, de l'eau qui s'exhale par l'expiration. Une portion d'oxigène paroît se fixer en même temps dans le sang pulmonaire, & roulant avec ce fluide dans les vaisseaux, il se combine peu-à-peu avec le carbone, de manière à former cet acide carbonique qui se dégage du sang veineux dans la poitrine. On conçoit qu'en dégageant ainsi une grande quantité d'hydrogène & de carbone, la respiration doit augmenter nécessairement la proportion de l'azote. L'étude qui reste à faire du méchanisme des autres fonctions, conduira sans doute à de nouvelles découvertes plus importantes encore que les précédentes; ce qu'on a fait dans ce dernier temps conduit naturellement à penser qu'on fera bien plus encore. L'analogie d'action qu'on a trouvée depuis quelques mois entre la digestion, la respiration, la circulation & la transpiration, a commencé à établir, sur de nouvelles vues beaucoup plus solides que celles que l'on possédoit jusques-là, une physique animale qui promet une ample moisson de découvertes & d'avantages. Ce sera sans doute en suivant ces phénomènes de la digestion & de l'accroissement dans les jeunes animaux, qu'on élevera sur ces bases un édifice solide. Déjà tout est prêt pour ce grand travail, plusieurs physiciens suivent ce nouveau plan d'expérience; une ardeur nouvelle née de ces nouvelles conceptions, anime les savans qui s'occupent de cette partie de la physique. La route qu'ils viennent de s'ouvrir paroît devoir les conduire à des résultats plus précis, & plus exacts, que tout ce qu'on a jusqu'à présent avancé sur les fonctions qui constituent la vie des animaux.

Application des articles de ce titre.

Les fonctions de l'économie animale, & sur-tout,
La respiration.
La digestion.
L'hématose.
La transpiration.
La secrétion de la bile.
L'ossification & l'ostéogénie.
La nutrition.
Les maladies dépendantes de la dégénérescence des humeurs ;
Les concrétions animales.
L'action de beaucoup de médicamens sur les humeurs, &c.
Les arts qui s'occupent du traitement des matières animales, & en particulier ceux du tanneur, du corroyeur, de préparer les différentes espèces de colles ; du faiseur de cordes à boyaux ; ceux d'extraire les huiles, de travailler les cornes, les os, les écailles, &c.

TITRE DOUZIÈME.

DE LA DESTRUCTION SPONTANÉE DES MATIÈRES VÉGÉTALES ET ANIMALES.

I. Lorsque les végétaux & les animaux sont privés de la vie ou lorsque leurs produits sont enlevés aux individus dont ils faisoient partie, il s'excite en eux des mouvements qui en détruisent le tissu & en altèrent la composition. Ces mouvemens constituent les diverses espèces de fermentation. Le but de la nature en les excitant, est manifestement de rendre plus simples les composés formés par la végétation & l'animalisation, & de les faire entrer dans de nouvelles combinaisons de différens genres. C'est une portion de matière qui, employée pendant quelque temps à la fabrication du corps des végétaux & des animaux, doit être rendue après la fin de leurs fonctions à de nouvelles compositions.

II. D'après cette définition de la fermentation en général, il semble qu'il devroit y en avoir autant de particulières & différentes qu'il y a de matières végétales ou animales à changer & à décomposer; mais plusieurs d'entre elles suivant une marche analogue pour être amenées à un état de composition plus simple, le nombre des fermentations a été porté à trois espèces savoir, la fermentation vineuse, la fermentation acéteuse, & la fermentation putride.

III. La fermentation vineuse, est, comme son nom l'indique, celle qui produit le vin ou l'alcool. La matière sucrée est la seule qui l'éprouve lorsqu'elle est étendue d'une certaine quantité d'eau, & mêlée à une troisième matière végétale ou animale quelconque, soit extrait, sel, fécule, &c. car il est bien prouvé aujourd'hui que le sucre & l'eau seule ne passent point à la fermentation vineuse. La substance sucrée est si abondante & si généralement répandue dans les matières végétales, & même dans les matières animales, qu'il y a un grand nombre de corps susceptibles de donner du vin ou de former de l'alcool. Tous les fruits doux & sucrés réduits en pulpe, & sur-tout leurs sucs exprimés, éprouvent un mouvement lorsqu'ils sont à 15 degrés au moins de température, lorsqu'ils sont en grande masse & sur-tout ni trop épais ni trop liquides. De-là la grande quantité de vins différens, en y comprenant sur-tout les décoctions des graines céréales germées & converties en partie sucrée par la germination, & même les liqueurs vineuses faites avec le lait, le miel, le sang, &c.

IV. La fermentation vineuse s'annonce dans les sucs sucrés par une augmentation de volume, la formation d'une écume abondante qui en couvre la surface, l'élévation de la température, le dégagement de beaucoup de gaz acide carbonique, la conversion d'une liqueur douce en un liquide âcre, chaud & piquant.

V. La cause de cette fermentation paroît être due à une décomposition de l'eau, dont une grande partie de l'oxigène se portant sur le carbone du sucre, le brûle & le convertit en acide carbonique. En même temps l'hydrogène de l'eau se porte sur la matière du sucre, & en s'y combinant donne naissance à l'alcool; ainsi l'on peut définir l'alcool du sucre moins une certaine quantité de carbone, ou plus une certaine proportion d'hydrogène. Cette théorie explique & la formation de l'acide carbonique dégagé pendant la fermentation vineuse, & celle de l'alcool, ainsi que toutes les propriétés de ce nouveau produit.

VI. L'alcool pur est un liquide blanc, d'une odeur forte, d'une saveur chaude & âcre, vaporisable à 64 degrés de chaleur, inflammable à toutes les températures, donnant beaucoup d'eau & d'acide carbonique en brûlant, ne répandant point de fumée par sa combustion, miscible à l'eau en toute proportion, en chassant l'air & une partie du calorique pendant qu'il s'y combine, dissolvant les alcalis purs ou caustiques, décomposant les acides, & se convertissant en éther par cette décomposition, dissolvant les sels neutres déliquescens & beaucoup de sels métalliques, enlevant aux végétaux l'huile volatile, l'arome, la résine, le baume, une partie de la gomme-résine & plusieurs matières colorantes, enfin utile à une foule d'opérations des arts par toutes ses propriétés.

VII. Déjà l'on peut remarquer que la formation de l'alcool s'opère aux dépens de la destruction d'un principe végétal, que la matière sucrée éprouve une décomposition qui la réduit à un terme plus simple ; ainsi la fermentation vineuse ou alcoolique est un commencement de destruction des principes formés par la végétation ; ainsi on peut la considérer comme un des mouvemens établis par la nature pour simplifier l'ordre de composition que présentent les substances végétales.

VIII. La fermentation acide ou acéteuse est le second mouvement naturel qui contribue à réduire les composés végétaux à des états de composition plus simple. Cette fermentation qui donne naiſſance au vinaigre, n'a lieu que dans les liqueurs qui ont d'abord éprouvé la fermentation vineuſe. On a remarqué que le contact de l'air étoit néceſſaire pour la production du vinaigre. On a vu même l'air être abſorbé par le vin qui tourne à l'aigre, & il paroît qu'une certaine proportion d'oxigène atmoſphérique eſt néceſſaire à la formation de l'acide acéteux.

IX. Il y a ſans doute pluſieurs autres fermentations analogues à celle qui forme le vinaigre, & dont on ne connoît pas encore bien le produit. Telle eſt, par exemple, celle qu'éprouve l'eau mêlée d'amidon, ſous le nom d'eau ſûre des amidoniers ; telle eſt celle qui forme le pain aigri, le chou & les liqueurs aigres. Tous ces changemens doivent être conſidérés comme des moyens de décompoſition qui ſimplifient toujours les combinaiſons compliquées des végétaux.

X. Enfin, après que les liqueurs végétales ou leurs parties ſolides humectées ont paſſé à l'état d'acide, leur décompoſition en ſe continuant par les circonſtances favorables, c'eſt-à-dire, par une température douce ou chaude, par l'expoſition à l'air & par le contact de l'eau, les conduit à une putréfaction qui finit par en volatiliſer, ſous forme de gaz, la plupart des principes. Il ſe dégage de l'eau, de l'acide carbonique, du gaz hydrogène carboné & même ſulfuré, de l'huile volatile en vapeur, quelquefois même du gaz azote & de l'ammoniaque ; il ne reſte plus après cela qu'un réſidu brun ou noir, connu ſous le nom de terreau, formé de carbone un peu huileux & gras; dont l'eau extrait encore quelques substances salines & un peu de matière extractive.

XI. La nature en organisant les animaux, en formant leurs humeurs & leurs solides par des compositions compliquées, a mis en eux un germe de destruction qui se développe après la mort des individus.

Cette destruction s'opère par le mouvement qu'on a nommé putréfaction, & qui consiste dans une espèce de fermentation, une décomposition lente de ces substances liquides ou solides : leur ordre de composition plus compliqué que celui des matières végétales, les rend encore plus susceptibles de la décomposition putride.

XII. Les matières animales composées d'hydrogène, de carbone, d'oxigène & d'azote, souvent plus compliquées encore par l'union du soufre, du phosphore, &c. privées de ce mouvement & surtout de ce renouvellement qui constituent la vie animale, s'altère bientôt par des attractions plus simples entre chacun de leurs principes, qui tendent à s'unir deux à deux. Cette réaction donne naissance à des composés binaires, tels que l'acide carbonique, l'acide nitrique, l'ammoniaque, le gaz hydrogène carboné, qui se dégagent peu-à-peu dans l'atmosphère, en diminuant proportionnellement la masse des matières animales. C'est ainsi, & par une suite de la décomposition naturelle, qu'on voit ces matières se ramollir, changer de couleur, d'odeur, perdre leur tissu, leur forme, répandre dans l'atmoſphère des vapeurs & des gaz qui s'y diſſolvent, & qui vont porter dans d'autres corps, & ſur-tout dans les végétaux, les matériaux néceſſaires à leur formation.

XIII. Tous les phénomènes de la putréfaction des matières animales tiennent au méchaniſme qui vient d'être expoſé. On voit dans l'union de l'hydrogène & de l'azote la formation de l'ammoniaque, qu'on a regardée comme le principal produit de la putréfaction. La combinaiſon du carbone avec l'oxigène explique la formation & le dégagement de l'acide carbonique, dans lequel on faiſoit conſiſter vers les premiers temps de la découverte des gaz, tous les myſtères de la putréfaction. L'acide nitrique, à la formation duquel on ſait que les matières animales contribuent tant dans les nitrières artificelles, tient à l'union de l'azote & de l'oxigène; une certaine quantité de gaz hydrogène ſe dégage en emportant du carbone, du ſoufre & même du phoſphore; delà l'odeur infecte ſi variée & la phoſphoreſcence de toutes les matières animales qui ſe pourriſſent.

XIV. Lorſque tous ces principes volatils ſe ſont unis deux à deux & répandus dans l'atmoſphère, il ne reſte plus que quelque portion de carbone unie ou mêlée aux ſubſtances ſalines fixes, telles que les phoſphates de ſoude & de chaux. Ces réſidus forment une eſpèce de terreau, qu'on nomme *terre animale*, qui retient ſouvent un peu de gaz hydrogène ſulfuré & carboné, un peu de graiſſe & d'extrait, & dans lequel les végétaux trouvent abondamment les principes propres à la formation de leurs matériaux ; voilà pourquoi ce résidu animal est si propre à servir d'engrais quand il est suffisamment consommé.

XV. Une certaine quantité d'eau est nécessaire à cette décomposition putride des matières animales ; elle leur fournit la quantité d'oxigène nécessaire à la composition de l'acide carbonique & de l'acide nitrique ; elle contribue singulièrement à la naissance de ce mouvement par les attractions de l'oxigène qu'elle y porte. Sans doute aussi l'hydrogène provenant de cette décomposition de l'eau contribue beaucoup à la formation de l'ammoniaque ; car c'est un fait bien connu, que lorsque les matières animales sont délayées dans une grande quantité d'eau, elles fournissent abondamment de l'ammoniaque dans leur décomposition.

XVI. La putréfaction consistant dans une suite d'attractions particulières, est modifiée de bien des manières différentes par toutes les circonstances extérieures, telles que la température, le milieu qu'occupent les matières animales, l'état plus ou moins pesant, sec ou humide de l'atmosphère, &c. C'est ainsi que les cadavres enfouis dans la terre ou plongés dans l'eau, ou suspendus dans l'air, éprouvent des effets variés, auxquels leurs masses, leurs quantités, leur voisinage avec d'autres corps, ainsi que toutes les propriétés variables des trois milieux indiqués ici, donnent encore des formes nouvelles & diverses.

XVII. On a des preuves de cette assertion dans

ce qui arrive aux cadavres enterrés ſeuls à ſeuls, ou enfouis en maſſe & entaſſés les uns ſur les autres. Les premiers, entourés d'une grande quantité de terre, ſont bientôt détruits par la putréfaction, dont les produits aériformes ou liquides ſont abſorbés par cette maſſe terreuſe ou par l'atmoſphère; les ſeconds n'ayant point autour d'eux cette eſpèce de récipient terreux ou atmoſphérique, ſéjournent long-temps ſans ſe détruire: la matière animale s'y convertit toute entière en ammoniaque & en huile concrète : celle-ci forme avec l'alcali volatil un ſavon ſemblable à celui qu'on a trouvé dans le ſol des cimetières ſurchargés de cadavres.

XVIII. Dans l'eau les phénomènes de la deſtruction des matières animales ſont encore différentes ; à meſure que de nouveaux produits ſe forment, l'eau les diſſout & les entraîne dans l'air. Une humidité ſoutenue avec une température conſtante de quelques degrés au-deſſus de o, favoriſe la putréfaction & la diſſolution de ces matières en gaz. Un air ſec & chaud au contraire en volatiliſant l'eau, deſsèche, raccornit les corps animaux, & les conſerve, preſque comme un ſable ſec & brûlant le fait dans l'Egypte, ſi fertiles en momies naturelles.

XIX. Quoique toutes les circonſtances de la putréfaction, toutes les variétés preſqu'innombrables des phénomènes qu'elles préſentent n'aient point encore été connues ni décrites, on reconnoît cependant que tous ces phénomènes ſe bornent à changer des compoſés compliqués en composés plus simples, que la nature rend à de nouveau les combinaisons les matériaux qu'elle n'avoit en quelque sorte que prêtés aux végétaux & aux animaux, & qu'elle exécute ainsi ce cercle perpétuel de compositions & de décompositions qui en attestent la puissance, en montrent la fécondité, en même-temps qu'elles annoncent une marche aussi grande que simple dans ses opérations.

Application des propositions de ce dernier titre.

Outre tous les objets indiqués à la fin des deux titres précédens, auxquels les articles de celui-ci peuvent fournir des applications presque immédiates, on trouve dans les divers exposés de ce douzième titre les applications suivantes :

La conservation de toutes les substances extraites des végétaux.

Les diverses altérations spontanées qu'elles éprouvent; les fermentations aceteuse, vineuse, &c.

Les produits de ces altérations souvent employés aux besoins des arts.

La production de l'ammoniaque & de l'acide nitrique.

L'influence de la putréfaction dans les régions diverses des corps vivans.

La contagion & les maux produits par les vapeurs des matières putréfiées.

La théorie de l'emplacement & du service des hôpitaux, des égoûts, des latrines, des voieries, des cimetières, &c.

FIN.

De l'Imprimerie de Cl. SIMON, N°. 27. 1792.